밤9시
엄마와
영어 글쓰기

밤9시 엄마와 영어 글쓰기

엄마와 아이가 서로 즐거운
영작문 습관 코칭

김소영 지음

ontents

4장 더 잘 쓰기 위한 글쓰기 시크릿

5장 미라클 스위치로 문장력 확장하기

부록 여러 가지 영어 글쓰기 기초 템플릿

에필로그

하루 5분, 매일 1줄 영어 글쓰기가 아이의 인생에 선물이 됩니다

영어는 많은 나라에서 공용어, 제2언어로 쓰이는 글로벌 언어입니다. 그러한 이유로 영어를 잘하면 의사소통에 있어 유리한 점이 많습니다. 앞으로는 지금보다 영어를 잘 하는 사람들이 더 많아질 것입니다. 세계 최대의 포털 사이트인 구글(GOOGLE)에서 한국어로 된 정보는 전체 정보량의 1%에 불과하지만, 영어로 된 정보는 절반을 훌쩍 넘는 54%에 달합니다. 그래서 양질의 정보를 먼저 빠르게 찾고 싶다면, 영어로 검색하는 것이 더 유리합니다. 정보 전쟁에서 영어 활용 능력은 생존을 위한 무기가 될 것입니다.

그럼에도 한국에서는 여전히 AR지수(액셀러레이터 리더, 읽기 능력 지수)를 올리기 위한 의미 없는 다독이 아이들을 괴롭힙니다. 하나만 아는 부모는 수학이 더 중요해서 영어를 미리 끝내야 한다고 생각합니다. 또 〈해리 포터〉 정도는 읽어야 영어학습이 성공했다고 자부합니다. 이런 영어에 대한 허영심 가득한 생각이 영어학습은 물론이고 엄마와 아이와의 관계까지 망치고 있습니다.

제대로 알아듣지도 못하는 흘려듣기와 아이의 집중력 형성, 향상을 방해하는 집중듣기의 폐해를 옆집 아이의 실패로만 여깁니다. 이제는 그 누구도 자신 있게 성공했다고 말을 할 수 없는 영어학습법과 헤어져야 합니다. 지금은 글을 써야 할 때입니다. 하루 1줄 영어 글쓰기, 초등학교 때 시작해서 초등학교 때 완성할 수 있게 해주세요. 우리 아이들에게 자유로운 영어를 선물해주세요.

저는 이제 갓 마흔을 넘겼습니다. 제 또래에서는 영어를 유창하게 한다고 하면 놀라는 사람들이 꽤 많습니다. 제가 초등학교 3학년부터 공교육으로 영어 공부를 시작한 세대도 아니고, 영어 조기교육을 받은 세대도 아니어서 그럴 겁니다. 지금의 초등학생이 어른이 되었을 때는 어떨까요? 그때도 영어를 잘한다면 '우와~'하며 감탄할까요? 아닐 겁니다. 우리 아이들은 글로벌 인재로 성장하고 있습니다. 아이들은 앞으로 한국이 아닌 세계와 경쟁을 하며 살아가게 됩니다. 영어 구사 능력에 따라 급여나 처우에 차등이 있을 것이고 그를 넘어 구직 자체가 어려울 수도 있습니다.

영어는 생각보다 어렵지 않습니다. 쉽게 배울 수 있습니다. 그래서 사용자도 많습니다. 하루 5분, 매일 1줄 영어 글쓰기는 어휘력, 창의력, 논리적 사고력, 독해력을 키워 줍니다. 이는 글로벌 인재가 반드시 갖춰야 할 핵심역량입니다. 왜 하루 1줄 영어 글쓰기를 해야 할까요? 서문에서 2가지 이유를 먼저 말씀드리고자 합니다.

첫째, 영어를 잘하고 싶다면 영어는 좋은 습관이자 일상생활로 자리 잡아야 합니다. 즉 꾸준히 반복적으로 해야 합니다. 하루 1줄 영어 글쓰기가 영어를 처음 시작하는 초등학생에게 탄탄한 영어습관을 길러 줍니다. 아이를 가장 잘 알고 있는 사람이 누구일까요? 아이에게 좋은 습관을 만들어 줄 수 있는 사람은 누구일까요? 바로 엄마와 아빠입니다. 엄마와 아빠가 직접 만들어 주는 우리 아이 영어습관이 중요하고 필요합니다.

둘째, 학습의 기본은 알고 있는 것들을 서로 연결하는 것입니다. 배운 것을 통합하고 활용할 수 있어야 제대로 공부한 것입니다. 매일 1줄 영어 글쓰기가 내가 알고 있는 지식을 영어로 전환하고, 영어로 입력, 출력할 수 있도록 돕습니다. 하루 1줄 글쓰기로 영어 공부를 시작하면 미라클 스위치가 1줄을 5줄로 확장하게 합니다. 이제막 시작한 하루 1줄이 훗날 영어 일기, 영어 자기소개서, 이메일, 프레젠테이션, 리포트, 그 어려운 에세이까지 가능하게 합니다. 즉, 영어로 다양한 문장을 쓰는 아이로 발전합니다. 영어학습 비법이 녹아있는 다양한 글쓰기 꿀팁을 통해 단어암기가 쉬워지고, 문법이 술술 외워지며, 영어 말하기도 유창해집니다.

아이의 인생에 꼭 필요한 선물 같은 영어, 이제 하루 5분,

매일 1줄 영어 글쓰기로 쉽고 재밌게 시작해 보세요.

프롤로그

1장
왜 영어 글쓰기인가?

영어 글쓰기와 영어 말하기는 한 뿌리에서 나온다

영어도 여느 언어와 마찬가지로 4가지 영역이 있습니다. 바로 말하기, 듣기, 읽기, 쓰기입니다. 우리가 영어를 잘하고 싶다고 할 때는 무엇을 콕 집어 말하는 걸까요? 말하기입니다. 영어를 1년 공부했든 10년 했든, 가장 잘하고 싶은 부분은 대개 말하기를 꼽습니다. 네, 맞습니다. 영어를 배운다면 누구나 말 하나는 정말 유창하게 하고 싶습니다. 특히나 해외 여행을 갔을 때 언어장벽을 경험하면 그 생각은 더 간절해집니다. 누구나 잘 알고 있듯이 한국 학교에서 배운 영어만으로 유창한 회화를 사용하기는 매우 어렵습니다.

아이들이 영어를 시작하는 패턴을 한 번 살펴보세요. 듣기를 통해 귀가 열렸다면, Phonics(파닉스, 발음 중심 어학 교습법)와 Sight

Words(사이트워즈, 핵심단어)를 통해 읽기를 시작합니다. 때로 이 두 과정을 바꿔 진행하기도 합니다. 이후에 셀 수 없이 많은 책을 다독이라는 명분으로 읽어 냅니다. 그럼에도 우리 아이들은 미국 아이들처럼 유창하게 말을 하는 것이 어렵습니다.

도대체 왜 말하기를 못할까요? 여기에는 2가지 이유가 있습니다. 바로 문법 위주의 수업방식과 활용시간의 부족입니다. 영어는 언어이기 때문에 문법도 당연히 중요합니다. 하지만 한국의 영어 교육은 문법 교육에만 너무 치중했습니다. 점차 나아지고 있지만, 과거에는 반복적인 문형 연습에 많은 시간을 할애했습니다. 그래서 열심히 공부했지만 영어 말하기는 잘하지 못합니다. 예전보다 문법에 대한 학습비중을 많이 줄였다고 해도, 여전히 아이들을 가르치는 건 문법만 많이 공부한 선생님들인 경우가 많습니다. 그래서 같은 상황이 뫼비우스의 띠처럼 반복되는 것 아닐까요?

또 다른 원인으로 꼽는 것은 활용시간의 부족입니다. 꾸준히 개선 중이지만 여전히 열악한 학습 환경 때문에 영어를 제대로 활용할 시간이 부족합니다. 초등학교 영어 수업을 생각해 보세요. 아이들의 다양한 흥미나 관심을 고려하지 않습니다. 각각의 학습 수준을 무시하고 너무 많은 인원이 함께 영어 수업을 합니다. 그렇게 어영부영 학년이 올라가면 영어가 쉽고 재미있다는 것을 알기도 전에 영어 공부에 대한 동기와 목적을 상실하게 됩니다.

아이들은 그런 상태로 반복적이고 기계적인 학습만을 강요받니다. 그러다 보니 자연스레 영어에 대한 흥미를 잃게 됩니다. 교실 밖에서 영어에 노출되는 기회도 제한적입니다. 특히 원어민과 말해 볼 수 있는 기회가 적어서 아이들이 영어를 Spoken Language (스포큰 랭귀지, 구어)로 활용하기가 어렵습니다.

학습시간이 충분치 않아 충분한 Input(인풋, 학습 입력)을 할 수 없다는 것과 배운 것을 활용할 만한 장소와 시간이 턱없이 부족하다는 것을 너무나 잘 알고 있습니다. 영어는 끝없이 정보를 새로 입력하고, 다시 꺼내어 활용하면서 실력을 늘려야 하는 언어이자 과목입니다. 아는 것을 연습할 장이 충분하지 않다는 것이 영어를 과목으로만 박제시키며, 점수로만 존재하게 합니다. 그래서 시험점수는 잘 나오지만, 실제 말하기는 못하는 '죽은' 영어실력을 갖게 되는 것입니다.

영어 말하기를 잘하고 싶은가요? 그럼 영어 글쓰기를 시작해 보세요. 영어 말하기와 영어 글쓰기는 한 뿌리에서 나옵니다. 흔히 우리는 생각하는 대로 말이 나온다고 합니다. 나의 생각을 음성으로 드러내는 것이 말하기입니다. 생각을 글로 적어 낸다면 글쓰기가 됩니다. 쓰는 것과 말하는 것은 생각하고 있는 것 또는 알고 있는 것을 Output(아웃풋, 학습 출력)으로 드러내는 과정입니다. 그래서 둘 다 표현 기능으로써 밀접한 관련이 있습니다.

말하기와 쓰기는 언어의 생산적 모드로써 여러 공통적 기능을 동시에 활용해야 합니다. 즉, 생각을 정리해야 하고, 주제에 적합한 것으로 내용을 추려야하고, 조금 더 효과적인 전달을 위해 일관성이 있고, 간결한 상태로 내용을 정리해야 합니다. 쓰기는 단순히 글을 적는 것으로만 끝나지 않습니다. 글을 쓴 후 스스로 내용을 말하면서 생각을 다듬을 수 있습니다. 이렇듯 두 가지의 학습이 발달되는 과정이나 효과가 동일하다는 의미에서 말하기와 글쓰기가 한 뿌리에서 나온다고 하는 것입니다.

그런데 왜 유독 영어 말하기는 어렵다고 느낄까요?

첫째, 말하기는 긴장도를 높입니다. 즉흥적이기 때문에 어떤 내용이 나올지 예측할 수 없습니다. 언어의 형식과 의미를 동시에 생각해야 합니다. 즉, 할 말을 머릿속으로 정리하면서 얘기해야 합니다. 감각적이고, 순발력 있게 즉각적으로 대응해야 합니다. 이 부분 때문에 힘들어 하는 아이들이 많습니다. 낯을 가리거나 생각이 많아 말이 늦게 나오는 아이들에게는 괴로운 일이 될 수도 있습니다.

말하기를 어려워하는 아이들은 대부분 영어에 대한 불안감을 갖고 있습니다. 말 그대로 영어 울렁증입니다. 내 말을 못 알아들으면 어쩌지 걱정합니다. 실제로 말하기를 할 때 선생님이나 친구의 발음을 못 알아들을 때가 있습니다. 자신이 하고자 하는 말이 제대로 전달되지 않으면 완전히 얼어버리거나 벌겋게 달아오릅니다.

반면에 글쓰기는 마음을 편안하게 합니다. 마음껏 시간을 갖고 썼다 지웠다 고쳤다 할 수 있어 불안감을 줄일 수 있습니다. 놀라운 것은 불안감이 줄면 줄수록 자신감은 상승한다는 겁니다. 자신감이야

말로 영어 말하기에서 가장 필요한 것입니다. 글쓰기를 통해 영어 말하기 실력까지 느는 것은 이런 이유 때문입니다.

둘째, 말하기는 혼자서는 할 수 없습니다. 반드시 말하는 이와 듣는 이가 있어야 합니다. 또한 시간과 장소에 구애 받습니다. 말하는 이와 듣는 이가 시간, 공간을 공유하면서 의사소통을 합니다. 탁구를 치듯이 말이 오고 가야 하기 때문에 혼자서 할 수 있는 쓰기에 비해 시간이 두 배로 걸립니다. 반면에 글쓰기의 경우는 어떨까요? 시간과 장소를 듣는 이나 독자와 공유할 필요가 없습니다. 대부분 혼자서 글을 쓸 수 있습니다.

셋째, 말하기는 고칠 수 없지만 글쓰기는 여러 번 고칠 수 있습니다. 말은 한번 내뱉으면 공중에 흩어져 주워 담을 수 없습니다. 즉, 틀려도 수정이 불가능합니다. 내가 '아차'하는 마음을 갖더라도 이미 그 순간에 상대방에게 메시지로 전달됩니다. 반면에 글쓰기는 혼자 생각을 정리하고, 시간을 갖고 천천히 쓸 수 있습니다. 이상하거나 틀린 부분을 얼마든지 수정할 수 있습니다. 수정횟수에 제한도 없습니다. 다양한 어휘와 문장 표현을 시도 할 수도 있습니다. 또한 시간이 흐른 뒤 다른 공간에서 다시 읽을 수도 있습니다. 글을 쓰는 과정에서 얻는 깨달음은 다른 무엇보다 정교하다고 여깁니다. 충분한 사고과정을 갖게 된다면 더 높은 수준의 쓰기도 가능해지는 것이 글쓰기입니다. 즉, 더 체계적으로 내용과 형식을 구성할 수 있습니다. 그러한 이유로 글쓰기를 정신 능력을 단련시키는 과정으로 신성하게 바라보기도 합니다.

　결론적으로 말하기와 글쓰기, 이 두 가지 학습방법 중에 한 가지를 선택하라고 하면 글쓰기가 더 수월하다고 말할 수 있습니다. 왜 '우리 아이는 영어를 그렇게 오래 했는데도 영어가 늘지 않을까요?'라고 묻는 부모님들이 많습니다. 실제 많은 연구결과를 통해서 알려진 사실입니다. 말하기는 대화중에 말더듬, 주저, 멈춤, 반복 등의 실수를 하는 경우가 상당히 많습니다. 이러한 실수가 많기 때문에 다른 영역보다 더디게 좋아진다고 느끼게 됩니다.

　말하기를 할 때 서로가 이미 알고 있다고 생각하는 부분은 굳이 말하지 않는 경우가 있습니다. 즉, 상황에 따라서나 문맥적으로 얼마든지 생략이 가능합니다. 의미 전달을 위해서 주로 동사를 많이 사용합니다. 내용 언어보다 전치사, 접속사와 같은 문법 언어를 많이 이용하여 설명합니다. 품사를 골고루 사용하지 않고, 때로는 문법적으로 틀린 표현도 상황에 맞으면 충분히 용인이 되기도 합니다.

　반면에 쓰기는 문법적으로 올바른 표현으로 구성해야 합니다. 주제가 명확하고 논리적으로 잘 정리되어 있어야 합니다. 의미 전달을 위해 주로 명사와 내용 언어를 많이 사용합니다. 글쓰기를 잘 행한다면 더 정확한 영어를 구사할 수 있다는 이유가 바로 여기에 있습니다. 결론적으로 글을 잘 쓰게 되면 말하기 능력까지 함께 좋아집니다. 영어 글쓰기가 곧 영어 말하기라고 거듭 강조하고 싶습니다.

단기와 장기의 목표를 함께 설정하기

아이의 영어가 좋아졌다는 것을 어떻게 확인할 수 있을까요? 맘카페에서 한 때 유행이었던, 유명어학원에서 Level Test(레벨테스트, 학습성취도 검사, 이하 '레테')를 보면 될까요? 레테의 목적은 학원 내에서 분반을 하기 위한 것입니다. 레테에서 좋은 성적을 받았다고 해서 아이의 영어실력이 그 성적과 같다고 할 수 없습니다. 나쁜 성적을 받으면 같이 갔던 엄마와 아빠의 마음만 산란해져서 아이에게 화를 내는 일도 생깁니다. 잘못된 행동입니다. 영어는 마라톤입니다. 완주를 위해서 달려야하는 코스입니다. 아이와 함께 목표를 정해 보세요.

1년 후의 목표는?

2년 후의 목표는?

3년 후의 목표는?

그리고 그때마다 아이의 실력이 좋아졌음을 어떻게 인정할 것인가 고민해야 합니다. 실제로 좋아진 것은 아이가 가장 먼저 스스로 느낄 수 있습니다. 그리고 엄마와 아빠도 본능적으로 느끼게 됩니다. 간단하게는 AR지수가 올라갈 것이고, 아이의 듣기 점수가 올라갈 것입니다. 말하기를 할 때 더 자신감 있게 다양한 어휘를 구사할 것입니다. 글을 쓸 때도 다양한 어휘와 표현을 활용해서 쓰게 될 것입니다. 평가기준은 아이가 되어야 합니다. 옆집 아이나, 대형학원의 레테가 기준이 되어선 안 됩니다.

예1

	1년 후 읽기실력 향상	

예2

	2년 후 읽기실력 향상	

예3

	3년 후 읽기실력 향상	

독해력과 문해력은 학습의 기본이다

독해력은 무엇인가요? 글을 읽어서 뜻을 이해하는 능력입니다. 철자를 읽을 수 있고, 해석까지 가능하면 우리는 독해력이 있다고 봅니다. 학교 영어시험에서 주제를 찾아내거나 문맥의 흐름을 살펴볼 때 독해력을 사용합니다. 즉, 독해력이 있다면 내신 시험부터 수능 모의고사까지는 쉽게 접근할 수 있습니다. 그 외에도 영어로 된 지문이나 문서를 읽을 때 독해력을 사용합니다. 우리가 아이들의 AR지수에 신경을 쓰는 이유도 독해력 향상을 위해서입니다. 높은 수준의 독해력을 얻기 위해서는, 모르는 단어나 어려운 문법으로 인해 해석을 못하는 경우가 없어야 합니다.

이 독해력은 Comprehension Question(컴프리헨션 퀘스천, 독해 내용 확인문제)을 풀면서 증진 시킬 수 있습니다. 이 때 영어로 된 문제를 푸는 것이 더 효과적입니다. 전체 내용을 이해해야만 답을 맞힐 수 있기 때문에 이 과정에서 읽은 책에 대한 이해도, 어휘, 퀴즈, 분석력, 추론 능력을 평가 할 수 있습니다. 쉬운 영어문제를 빨리 풀기 위해서는 독해력만 갖추면 됩니다. 다시 말해, 어휘를 많이 알고 있고, 문법이 정리된 상태라면 독해력은 어느 정도 갖춘 것이라고 볼 수도 있습니다.

그렇다면 문해력은 무엇일까요? 글을 읽고, 자신의 배경지식과 경험을 바탕을 더해 특별하게 해석하는 것입니다. 자신이 아는 것을 활용해 더 넓은 범주에서 글을 총체적으로 이해하는 것입니다. 우리가 한글로 된 책을 읽고, 자신의 생각과 감정을 투영하는 것처럼 영어로 된 글이나 책을 읽고, 나의 지식, 생각과 감정을 더해 글을 이해해야 합니다. 또 글밥이 많아 읽기에 더 긴 호흡이 필요하거나 어려운 어휘로 범벅이 된 글에서 꼭 필요한 것이 문해력입니다. 예를 들어 TEPS(텝스, 서울대 개발 영어능력평가시험)와 같이 고난이도 지문에서는 독해력만 사용하려고 하면 어려움을 겪을 수도 있습니다.

우리가 한글을 배우는 과정을 생각해 보세요. 많이 듣고, 따라 말하면서 어휘를 늘립니다. 말이 자연스레 늘게 됩니다. 읽기는 그 다음 단계입니다. 엄마 아빠가 영어를 모국어로 사용하는 외국인이라면 위의 순서가 가능합니다. 하지만 우리에게 영어는 외국어라서 대부분의 경우에 그렇게 배우지 않습니다. 우리는 소위 파닉스를 뗀다고 말합니다. 한국 아이들에게 영어는 외국어여서 읽기를 시작하기 전에 파닉스를 먼저 배우고 있습니다. 읽기의 지도방법으로는 shared reading(쉐어드 리딩, 함께 읽기), reading aloud(리딩 얼라우드, 소리 내어 읽기), guided reading(가이디드 리딩, 안내된 읽기), 파닉스, 단어 읽기, 문장 읽기 등 다양한 방법이 있습니다.

그럼에도 우리는 파닉스가 최고라고 생각합니다. 맞는 아이들에게는 효과적일 수도 있지만, 학습 순서와 아이의 이해력을 무시한 채 어설프게 시작하면 파닉스만 주구장창 해야 할 수 있습니다. 영어유치원에서 3년 코스에 걸쳐 파닉스를 배웠음에도 제대로 영문을 읽지 못해 이 학원, 저 학원을 옮겨 다니는 경우가 많습니다. 한글은 소리글자라 초성과 중성을 배운 후에 조합을 하면 쉽게 글을 읽을 수 있습니다. 영어는 파닉스 규칙에 맞지 않는 단어도 있고, 모음이 제각각 변하기 때문에 한글보다 복잡하다고 느낄 수 있습니다.

아이들이 영어를 처음 배울 때는 초기부터 많이 들으면서 읽기를 병행합니다. 이로 인해 대부분의 영어 선생님들도 아이들을 지도할 때도 듣기와 읽기를 강조하고 있습니다. 즉, 학습 초반에 이 두 가지에 가장 많은 시간을 할애합니다. 이 단계에서의 읽기는 독해력을 키우기 위한 것이 아니라 파닉스 규칙을 익히기 위한 문맹탈출 수준의 읽기입니다. 초기 단계에서는 철자의 발음과 뜻을 이해하는 해독에 초점을 두게 됩니다. 즉, 가르치는 선생님들도 발음과 한글 뜻 위주로 지도를 합니다.

물론 이것이 중요하지 않다는 것은 아닙니다. 다만 파닉스를 지나 영어 읽기를 본격적으로 시작할 때는 기호의 해독과 이해가 총체적으로 이루어져야 합니다. 이해를 못하면 읽었다고 해도 머릿속에 남지 않기 때문입니다. 그래서 철자의 발음과 의미를 끼워 맞추는 해독에서 이해하는 수준으로 가야 합니다.

아이가 책을 술술 읽는다고 해서 영어를 잘한다고 착각하면 안 됩니다. 아직 독해력을 논할 수 있는 단계가 아님에도 독해력이 좋다고 칭찬하면서 아이를 조련하는 것은 바람직하지 않습니다. 제대로 이해하지 못하고, 생각을 확장하지 못한 채 기계적으로 읽는 다독은 아이에게 독이 됩니다. 아이가 일찍 지치면 더 이상 손을 쓸 수도 없습니다. 정작 다독을 집중적으로 해야 할 시기에는 더 읽지 못하는 상황이 올 수도 있습니다.

왜 파닉스를 뗀 후에 책을 많이 읽어야 할까요? 더 잘 읽기 위해서입니다. 하지만 이 단계에서 책을 읽는 것은 기존의 사고력을 더 키우기 위해서입니다. 아이들이 '왜?'라는 질문을 시작할 때부터 기를 수 있는 것이 바로 사고력입니다. 스스로 생각하는 힘이자, 논리에 맞게 생각하고 궁리하는 힘이기도 합니다. 이게 맞나 저게 맞나, 앞뒤 순서가 맞나 하는 것을 가리는 논리적인 생각입니다.

읽고, 쓰는 것이 사고력의 발달과 연결되어 있습니다. 파닉스 후 읽기에서는 어려운 글을 읽으며 점수를 올리는 것이 아니라 사고력을 길러주어야 합니다. 이 읽기 과정이 즐겁게 기억되고, 아이 스스로 반복적인 습관으로 만들어 가도록 길만 터주면 됩니다. 그 다음에 독해력과 문해력을 차례로 쌓아 올려야 합니다.

사고력을 발달시키는 읽기와 쓰기는 서로 밀접한 관계를 갖고 있습니다. 하루 1줄 영어 글쓰기를 통해 읽으면서 배운 내용을 따라 쓰는 연습을 할 수 있습니다. 이 과정에서 읽기가 쓰기 능력을 향상시키고, 반대로 쓰기가 읽기 능력을 향상시킵니다. 글쓰기와 말하기가 연관이 있는 것처럼 읽기와 쓰기도 상호보완적입니다.

영어를 공부하다 누구든 슬럼프를 겪게 됩니다. 아무리 공부를 하고 시간을 들여도 실력이 제자리라고 느끼는 상태입니다. 이 슬럼프는 영어 학습의 동기를 잡아먹고, 영어를 포기하게 만듭니다. 저는 이 슬럼프를 총 7단계로 나눕니다. 1단계 파닉스를 배울 때, 2단계 파닉스 후 리딩을 시작할 때, 3단계 집중듣기를 시작할 때, 4단계 다독을 시작할 때, 5단계 중학교 영어과정을 시작할 때, 6단계 고등학교 모의고사 대비를 시작할 때, 7단계 새로운 어학시험을 대비할 때입니다. 물론 이 사이사이에도 셀 수 없이 많은 슬럼프가 존재합니다. 주로 부모님과 선생님의 평가나 또래 친구와의 비교에서 경험하게 됩니다. 하지만 슬럼프에 빠져 있으면 안 됩니다. 슬럼프라고 느낄 때, 더 많이 읽고, 더 많이 쓰는 것을 이어가야 합니다.

어려서부터 자녀의 영어교육에 신경을 써온 부모님들이라면 독해력과 문해력이 얼마나 중요한지 잘 알고 있습니다. 주위를 둘러보세요. 코로나로 인해 아이들이 집에 있는 시간이 많아졌습니다. 저는

2020년에 입학한 초등학교 1학년과 중학교 1학년이 가장 안쓰럽게 느껴집니다. 학교에서 정해진 일과에 따라 활동하며 적응해야 하는 시간을 통째로 코로나에게 빼앗겼기 때문입니다. 정상적으로 등교하지 못하고 집에서 보내는 시간이 많은 것과 온라인 수업에서 학습에 큰 공백과 격차가 생겼습니다.

학습의 빈부격차를 말할 때 영어는 늘 빠지지 않습니다. 영어는 코로나 이전에도 빈부격차가 심한 과목이었습니다. 시간의 양과 교육의 질에 따라 수준이 천지차이입니다. 그래서 그 차이를 영어 글쓰기로 좁혀 보고자 합니다. 요즘 글쓰기 열풍이 불고 있습니다. 왜 글쓰기를 해야 할까요? 요즘 아이들은 영상에 노출되는 시간이 전보다 많아졌습니다. 30년 전과 비교를 하면, 영상을 많이 보는 아이들의 지능지수(IQ)가 더 높다는 연구결과가 있습니다. 다양한 영상정보를 해독하기 때문에 진화가 되었다고 주장합니다.

하지만 실제로 그 지능을 효과적으로 사용하지는 않고 있습니다. 앞서 글쓰기를 정신 능력을 단련시키는 과정으로 언급했습니다. 글을 쓰는 것은 생각을 정리하게 도와줍니다. 받아들인 정보를 스스로 정리할 시간을 갖게 합니다. 이것은 뇌에게는 산책과도 같은 일입니다. 과학자들은 걸을 때와 글을 쓸 때 좋은 뇌파가 나오고 몸이 편안해진다고 말합니다. 글쓰기가 우리 아이들에게 정말 유익한 활동이자 학습과정인 것은 명명백백한 진리입니다.

엄마 아빠가 먼저 습관 만들기

책을 많이 읽는 집의 아이는 책을 많이 읽습니다. 엄마와 아빠가 공부하는 모습을 자주 보이는 집의 아이는 스스로 알아서 공부를 합니다. 왜 그럴까요? 본 대로 아이도 따라 하기 때문입니다. 아이들을 가리켜 스펀지 같다고 합니다. 보고 들은 대로 스펀지처럼 다 흡수하기 때문입니다. 그래서 아이들 앞에서 늘 말과 행동에 주의해야 합니다. 세 살 버릇이 여든 간다고 하는데, 아이가 어떤 습관을 갖길 바라시나요?

제가 아이에게 바라는 습관을 먼저 예시로 적어 보겠습니다. 저는 건강을 최우선으로 여깁니다. 건강해야 원하는 것을 할 수 있고, 아프지 않아야 가족과 늘 행복하게 지낼 수 있음을 강조합니다. 시간관리 그리고 우선순위를 정하는 것을 두 번째로 강조합니다. 학습을 잘하기 위해서는 시간관리가 정말 중요하기 때문입니다. 마지막으로 아이가 어려서부터 자기 전에 꼭 해준 말이 있습니다. 아이의 머리와 가슴을 쓰다듬으면서 '기쁜 일은 오랫동안 기억하고, 슬프거나, 기분이 안 좋은 일은 자기 전에 잊어버려'라고 했습니다. 이것은 회복탄력성을 위한 것입니다. 2장에서 자세히 설명합니다.

줄리아 코치의 예시를 보시고, 빈칸에 순서대로 엄마와 아빠도 아이가 갖길 원하는 습관을 적어 보세요.

표_줄리아 코치

	아이가 갖길 바라는 습관	이유
1	일찍 자고 일찍 일어나는 습관	건강관리 및 근면함을 위해서
2	일어나면 물 한잔 마시기	건강관리
3	음식 싱겁게 먹기	건강관리
4	원하는 것 정확하게 말하기	조리 있는 말 습관 갖기
5	자기 전에 안 좋은 일 잊기	회복 탄력성 갖기
6	늘 모든 것에 감사하기	효도의 마음을 갖기 위해서
7	지금 해야 하는 일에 집중하기	시간 관리
8	학교 준비물 스스로 챙기기	책임감을 갖기 위해서
9	잘 씻기	위생 관리
10	독서하기	학습습관을 위해서

표_엄마와 아빠

	아이가 갖길 바라는 습관	이유
1		
2		
3		
4		
5		
6		
7		
8		
9		
10		

비판적 사고력은 어디에나 필요하다

세상이 전보다 더 빠르게 변화하고 있습니다. 최근 몇 년 사이 정말 많은 것이 바뀌었습니다. 변화의 속도가 무서울 정도입니다. 4차 산업혁명이란 단어가 이제는 더 이상 낯설지 않습니다. 사람과 비슷하거나 더 우월할 것 같은 AI(아티피셜 인텔리전스, 인공지능)가 이제는 공상과학 영화 속에만 존재하지 않습니다. 이런 변화에는 여러 요인이 있겠지만 가장 먼저 인터넷의 발달이 떠오릅니다.

인터넷의 발달로 인해 정보공유가 더 빨라졌습니다. 사람들이 진위여부를 판단하기 전에 정보는 순식간에 끝도 없이 퍼집니다. 때때로 가짜뉴스와 검증되지 않은 사실이 난무하고 있습니다. 이런 혼돈을 초래하는 정보의 쓰나미에서 진짜 정보를 골라내야 합니다. 그래서 우리 아이들은 반드시 비판적 사고력을 갖춰야 합니다. 비판적 사고력이 무엇인가요? 표준이나 기준에 의거하여 내리는 분별 있는 판단 또는 그러한 판단을 할 수 있는 능력을 가리킵니다. 아이들이 앞으로 더 잘 살기 위해 꼭 필요한 역량입니다. 비판적 사고의 특성은 이렇습니다.

첫째, 비판적 사고는 합리적이고 논리적이어야 합니다.

둘째, 객관적 기준으로 입증할 수 있는 생산적 의심을 기초로 하는 열린 사고여야 합니다.

셋째, 더 나은 선택과 판단을 위해 필요합니다.

넷째, 어떤 사물이나 상황, 지식 등의 순도, 정확성, 어떤 지식이 허위이거나 진실인지를 평가할 수 있는 심리적인 능력입니다.

그렇다면 어떻게 해야 비판적 사고력을 기를 수 있을까요? 이것은 저절로 길러지는 것이 아니라 학습을 통해 기를 수 있습니다. 가장 간단하게 접근할 수 있는 것이 글쓰기입니다. 쓰기는 Idea(아이디어, 즉각적으로 떠오른 생각)를 논리적으로 표현해야 하기에 복잡한 정신적 과정이 수반되어야 합니다. 이는 사고 발달에 영향을 줍니다. 그래서 글쓰기를 통해 비판적 사고력을 키울 수 있습니다. 글쓰기를 통해 비판적 사고력을 기르면 얻게 되는 4가지 이점이 있습니다. 바로 개방성, 독립성, 객관성, 탐구성입니다.

첫째, 개방성은 자기중심적인 사고에서 벗어나 열린 마음으로 다양한 견해와 관점에 관대한 성향을 가리킵니다.

둘째, 독립성은 기존의 통념이나 가치가 타당한 것인지 의문을 제기합니다. 판단을 할 때 독립적으로 사고하고자 하는 경향입니다.

셋째, 객관성은 감정적, 주관적 요소를 배제하고, 경험적이고 타당한 근거를 토대로 결론을 도출하려고 합니다. 증거와 이유가 충분할 때 자신의 입장을 정하려는 경향입니다.

넷째, 탐구성은 개인의 지적인 호기심과 배움에 대한 열망입니다. 다양한 문제에 관심과 호기심을 가지고 질문을 제기합니다.

비판적 사고력을 키우는 이유는 스스로 깊이 사고하도록 하기 위함입니다. 우리는 아이들이 학습에 적극 참여하도록 도와야 합니다. 학습과정을 통해 아이들의 호기심을 촉진하고 스스로 지적인 성취감을 느끼도록 해야 합니다. 글쓰기를 통해 다양한 지식을 통합하여 학습의 아웃풋이 활성화되도록 해야 합니다.

영어는 배운 뒤에 자주 활용해야 유창해집니다. 즉, 의사소통을 위해 영어를 사용하는 기회를 가져야 합니다. 이것이 바로 언어를 도구로 사용하는 것입니다. 하루 1줄 영어 글쓰기가 언어 기능의 의미 있는 연습과 사용을 동시적으로 활성화시킵니다. 아이들은 배운 내용을 구두로 표현하며 의사소통할 때 듣기와 말하기를 연습할 수 있습니다. 문자 언어로 정보를 검색하면서 읽기를 연습할 수도 있습니다. 자신의 생각을 글로 표현할 때는 쓰기를 연습할 수 있습니다.

아이들이 초등학생인 지금부터 멀리 내다봐야 합니다. 즉, 영어 글쓰기를 할 때 나중에 활용할 부분까지 생각해야 합니다. 영어 글쓰기는 초·중·고의 수행평가만을 위해 하는 것이 아닙니다. 글쓰기를 통해 얻게 된 사고력이 가장 빛을 발하는 순간은 면접, 논술 시험 그리고 자기소개서를 작성할 때입니다. 예를 들어 논술 시험에서 글쓰기 능력을 공식적으로 사용할 수 있습니다. 내신도 잘 나왔고, 모의고사도 잘 보는 편인데, 논술시험에서 엉망인 점수를 받게 된다면 어떻게 될까요? 생각만 해도 아찔합니다.

향후에 국내대학 진학이 아닌 유학을 계획하는 초등학생들은 TOEFL(토플, 영어수업 능력평가)을 미리 준비해야 합니다. 토플 시험은 내국인이 아니라 외국인의 입장에서 대학수업이 가능한 정도의 지적능력을 갖고 있는지 판단합니다. 토플은 총 4개의 파트로 나뉘는데, 한국 학생들이 최저점을 받는 파트는 역시나 에세이입니다. 종로나 강남의 학원에서 에세이 집중수업을 받지만 가성비가 떨어집니다. 애초에 글을 잘 쓰는 바탕이 없기에 단시간에 끌어내기가 어렵기 때문입니다. 돈이 있어도 유학을 갈 수 없는 이유가 여기에 있습니다. 영어가 장애가 되는 일은 무수히 많은데, 내게 해당사항이 없다면 잘 느끼지 못합니다. 부모님들은 아이들이 영어를 제대로 배워 잘 활용하도록 어려서부터 알려주셔야 합니다.

엄마 아빠의 말 습관

아이들을 지도하다 보면 줄리아 코치에게 엄마나 아빠에 대한 불평을 몰래 토로하는 경우가 많습니다. 아이들은 주로 엄마와 아빠가 고쳤으면 하는 말 습관을 얘기합니다. 자신에게는 예쁜 말을 쓰라고 늘 혼내면서 정작 엄마와 아빠는 못된 말을 쓴다고 입을 모읍니다. 평소에 아이에게 말하는 자신의 모습을 떠올려 보세요. 정답은 없지만 이상적인 엄마의 말 습관은 분명히 존재합니다. 변화를 주고 싶다면 현재의 상태를 파악 하는 게 가장 중요합니다. 줄리아 코치와 함께 한 가지씩 살펴볼까요?

1. 어미 사용

말끝을 어떻게 마무리 하는지 살펴보세요. 아이에게 뭔가를 묻거나 부탁해야 할 경우 엄마의 말투는 어떤가요? '학교는 어땠니?' '학교는 어땠어?' '학교는 어땠냐?' 셋 다 같은 말이지만 끝에 -니?, -어?, -냐?를 쓰냐에 따라 느낌이 참 달라집니다. 누가 이렇게 말하냐고 반문하시겠지만 꽤 많은 엄마, 아빠가 일상적으로 쓰고 있습니다. 아래에 내가 자주 쓰는 문장과 자주 사용하는 어미를 적어 보세요. 그리고 셀프평가를 해보세요. 아이가 들었을 때 만족도가 1-10 사이에서 어디쯤에 있을까도 고민해 보세요.

내가 자주 사용하는 문장:　　　　(아이의 만족도 __ /10)

내가 자주 사용하는 어미:　　　　(아이의 만족도 __ /10)

내가 자주 하는 말을 과연 아이도 듣고 싶을까요? 엄마와 아빠가 자주 사용하는 문장을 아이에게 보여 주면서, 아이의 의견을 살펴보세요. 아이에게 선택권을 주셔서 아이가 듣고 싶은 말투로 바꿔주세요. 이건 이기고 지는 "파워게임"을 하는 것이 아닙니다. 아이에게 가장 가까운 영어 선생님이 되고 싶다면 엄마와 아빠가 아이의 말에 좀 더 귀 기울여야겠죠? 내 말을 잘 듣는 아이로 키우고 싶다면, 엄마와 아빠부터 달라져야 합니다.

2. 패러다임 시프트

패러다임은 세상을 보는 눈이라고 생각하면 쉽습니다. 어떤 사건이나 상황을 보는 사람의 시선을 가리킵니다. 어느 한쪽으로 치우쳐 있으면 편견이 됩니다. 내 생각 안에서만 모든 것을 바라보면 아집이 됩니다. 이러한 세상을 보는 관점을 바꾸는 것이 바로 Paradigm Shift (패러다임 시프트, 관점전환)입니다. 적절한 패러다임 시프트는 아이와의 관계를 건강하게 합니다.

엄마와 아빠가 싫어하는 아이의 습관 하나를 떠올려 보세요. 양말을 뒤집어 벗어 놓는 경우를 예를 들어 볼까요? 엄마와 아빠는 입이 아프게 같은 소리를 해도 아이는 계속 양말을 뒤집어 벗어 놓습니다. 왜 그럴까요? 아직 어려서, 습관이 안 들어서, 귀찮아서, 내 말을 흘려 듣고 있다는 생각이 들겠지요. 자, 함께 패러다임 시프트를 경험해 보겠습니다.

순서는 아래와 같습니다. 정말 화가 나고 짜증이 치밀어 오를 때도 이 3단계만 거치다 보면, 모든 것을 편안하게 수용하게 됩니다.

① 현상에 대한 생각: 왜 그렇게 했을까?

② 현상에 대한 이해: 이유가 있었겠지.

③ 현상에 대한 수용: 이게 아마 최선이었을 거야.

아이는 양말을 신은 그대로 벗어야 세탁할 때, 때가 쏙 빠지고 말려서 갤 때도 편하다는 것을 잘 알고 있습니다. 하지만 벗을 때는 막 뒤집어서 벗는 게 너무나 편한 걸 어쩌겠어요? 어떤 아이는 덩치가 너무 크거나 살이 많이 쪄서, 양말이 더러우니 끝을 잡기가 싫어서 등 나름의 정당한 이유가 있어서 뒤집어서 벗는다고 했습니다.

패러다임 시프트의 핵심은 아무리 생각해도 이해가 가지 않는 아이의 행동을 그것이 이 아이의 'Best Choice(베스트 초이스, 최선의 선택)'라 여기는 것입니다. 이 행동이 아이가 선택한 최고의 것이어서 그렇게 했다고 이해하는 것이 좋습니다. 물론 여기에는 규범과 법률 등 강력한 지침을 따라야 하는 것까지 유연하게 적용하지는 않습니다. 그 미묘한 선은 각 가정에서 함께 정해주세요. 아이에게 내 생각과 의견을 이해시키려 하지 말고, 아이를 이해하려 해주세요. 둘 중에 누가 어른입니까? 바로 엄마와 아빠가 어른입니다.

창의력을 갖춘 미래형 인재가 환영 받는다

왜 글쓰기를 해야 하나요? 글쓰기가 바로 창의력을 키워주기 때문입니다. 미래 인재가 갖춰야 할 핵심역량 중의 하나가 바로 창의력입니다. 우리는 창의력에 대해 이미 잘 알고 있습니다. 창의력은 새로운 생각을 해내는 힘입니다. 창의력의 아이콘과도 같은 애플의 창시자 스티브 잡스(Steve Jobs)는 이렇게 말했습니다.

"Creativity is just connecting things. When you ask creative people how they did something, they feel a little guilty because they didn't really do it, they just saw something."

창의력은 여러 가지 요소를 하나로 연결하는 것입니다. 창조적인 사람에게 어떻게 그렇게 창의적으로 일할 수 있냐고 물으면 대답을 하지 못할 것이라고도 했습니다. 왜냐하면 그들은 실제로 무엇을 한 것이 아니라 단지 뭔가를 본 것이기 때문입니다.

스티브 잡스가 최초로 말한 것 같지만 사실 훨씬 더 오래전에 영국 작가 윌리엄 플로머(William Plomer)가 먼저 창의력을 아래와 같이 정의했습니다.

"It is the function of creative people to perceive relations between thoughts, or things, or forms of expressions that seem utterly different, and to be able to connect the seemingly unconnected."

그는 '얼핏 보기에 상관없는 것 같은 것을 매끄럽게 연결하는 능력을 가진 것이 창의력 있는 사람들'이라고 했습니다.

인류 역사상 가장 똑똑한 사람은 누구일까요? 많은 이들이 알버트 아인슈타인(Albert Einstein)을 꼽습니다. 보통 사람들의 뇌 사용량은 3~5%이지만, 10~12%를 사용했던 아인슈타인은 좌뇌와 우뇌의 신경망을 연결해주는 뇌 중앙부의 '뇌들보' 부위가 평균보다 더 컸습니다. 언어와 수리를 담당하는 두정엽 부분도 일반인보다 15% 크다는 사실이 밝혀졌습니다. 아인슈타인은 물리학자로 성공했지만 새로운 발상을 떠올리는 창의성도 뛰어났습니다. 음악적인 소질도 뛰어나서 바이올린 연주도 수준급이었습니다. 좌뇌나 우뇌 어느 한 쪽이 비정상적으로 더 크게 발달했기 때문이 아니라, 양쪽 반구가 풍부한 데이터를 주고받으며 평범하지 않은 생각을 할 수 있었던 것입니다. 우리 아이들도 아인슈타인처럼 '뇌들보'를 키우는 방법이 있습니다.

첫째, 먼저 이해하고, 암기하라.

둘째, 일방적인 질문에 답만 하지 말고 내가 먼저 질문을 만들어라.

셋째, 내가 이해하고, 새로 알게 된 사실을 늘 기록하라.

넷째, 이해한 사실에 나의 생각을 덧붙여서 다시 다른 사람에게 전달(발표)하라.

이 과정을 통해 우리 아이들의 뇌들보를 크게 만들 수 있습니다. AI로 인해 인간의 활동 영역이 더 좁아지지 않을까 모두가 두려움을 느끼고 있습니다. 그래서 더욱 우리 아이들은 창의력을 길러야 합니다. 아울러 그것을 잘 활용해야 합니다. 오랜 시간이 흘러도 우리에게 깊은 울림을 전해주는 문학작품을 떠올려 보세요. AI가 비슷하게 흉내는 내겠지만, 깊은 울림과 감동을 주는 글은 인간만이 쓸 수 있다고 생각합니다.

세계적으로 권위 있는 노벨 문학상 수상작을 보면 시대적 변화를 반영하고, 인간의 고뇌와 실존적인 의미 등 인간의 존재에 대한 성찰적인 주제를 다룬 것들이 많습니다. 문학적인 보편성과 각 나라가 갖고 있는 언어의 독창성을 부각시키는 작품들이 노벨 문학상을 수상했습니다. 물론 일반인이 아니라 유명 작가나 노벨 문학상을 수상한 작가들을 보면 너무 먼 곳에 있는 분들이라 평범한 일반인과의 비교가 억울하기도 합니다.

가장 기본적인 공통점은 기존에 자신이 갖고 있던 관점에 창의력을 더해 가면서 지속적으로 성장을 시켰다는 것입니다. 꾸준하고 반복적인 글쓰기를 통해 창의력을 더 크게 만들었습니다. 생각이 생각을 끊임없이 물고 나와 새로운 생각을 낳도록 말입니다. 글을 쓴다고 모두 작가가 되는 것은 아니겠지요. 아이들을 작가로 만들기 위해 글쓰기를 권하지도 않습니다. 다만 우리 아이들도 작가들이 그랬던 것처럼 반복해서 꾸준히 쓰다보면 창의력이 더 커질 것이라고 생각합니다.

저는 글을 잘 쓰기위해 다양한 채널을 통해 영감을 받는 것을 좋아합니다. 다양한 장르의 영화를 보는 것도 그 중 하나입니다. 영화 〈조이〉에서의 한 장면이 창의력과 관련이 있어 나누고자 합니다. 조이는 자신이 개발한 손을 대지 않고 짤 수 있는 걸레가 승승장구할 줄 알았습니다. 하지만, 그녀의 예상과는 다르게 계속해서 빚만 지고 있었습니다. 파도처럼 끝없이 밀려오는 여러 가지 문제에 뒤엉켜서 고민하는 조이에게 빈정대듯이 던지는 대사가 있습니다.

"Look, you were broke and bored. You had an idea"

이봐, 넌 돈이 없었고, 사는 게 지루했던 거야. 그 때 아이디어
가 떠올랐을 뿐이야.

이처럼 단순하게 창의력을 '번뜩이는 아이디어'라고도 생각할 수
도 있습니다. '타인과는 다르게 바라보는 시선'이라고도 여길 수 있
습니다. 하지만 조이가 아이디어를 떠올리는 것에만 머물렀다면 어
떻게 됐을까요? 그렇다면 정말 '생각'에만 머물렀을 것입니다. 조이
는 아이의 크레용으로 머릿속에 있던 대걸레의 실물을 그렸고, 자신
을 도울 수 있는 사람들을 찾아냈습니다. 그리고 머릿속에 있는 그
림을 실물로 만들어 냈습니다. 이것이 창의력을 발휘하고 활용한 것
입니다. 스티브 잡스가 강조한 것처럼 여러 가지 요소를 하나로 연
결한 것입니다.

영어를 학습하는 데 있어서 창의력은 한 가지를 배워서 서너 가
지를 활용하도록 돕습니다. 유창성을 발달시키며 다양한 환경과 예
측이 불가능한 상황에서도 자유자재로 자신의 영어능력을 활용하
여 의사소통을 하도록 이끕니다. 다시 말해서, 영어를 잘 한다는 것
은 응용력과 확장 능력, 활용능력이 좋다는 것을 의미합니다. 이것
은 모든 학습에서 강조하는 학습의 기본요건과 상통합니다. 영어학
습의 원리에는 단순하지만 명쾌한 비법이 숨어 있습니다. 바로 자기
가 말한 것을 듣고, 다시 정리하면서 명료화 시키는 것입니다. 학습

의 마무리 단계에서 스스로 정리하고 통합하도록 이끌어 줍니다. 위에서 언급한 아인슈타인이 일반인보다 뛰어날 수 있었던 비법인 좌뇌와 우뇌의 활발한 교류가 한국어와 영어를 동시에 잘 하게 될 때도 일어납니다. 영어를 꾸준히 언어로 접하도록 언어 환경을 만들어 주시고, 창의력을 증진 시킬 수 있도록 이끌어 주시면 우리 자녀의 영어실력도 더 유창해집니다.

창작자의 영혼이 녹아 있는 예술작품을 보면 늘 감탄을 금치 못합니다. 〈걸어가는 사람〉이라는 조각품이 그렇습니다. 금방이라도 부서질 것 같지만 걷는 것을 포기하지 않는 모습을 보면 '나도 저렇게 계속 나아가야지'하는 마음이 생깁니다. 배움은 즐거우면서도 끝이 없는 지난한 과정입니다. 또 우리는 무언가를 만들어 내기 어려운 시대에 살고 있습니다. 그래서 저는 글쓰기가 이 시대에 더 필요하다고 생각합니다. 글쓰기는 내가 창의력을 발휘해 창작, 창조할 수 있는 활동입니다. 아이들이 글쓰기를 통해 스스로 새로운 것을 찾게 됩니다. 그 모든 과정을 통해 창의력은 아이들의 키만큼이나 쑥쑥 자라게 됩니다. 아이 스스로 자신이 매일 성장하고 있다는 것을 느끼며 눈으로 확인하게 해주세요.

엄마·아빠의 기억습관_메모하기

아이의 창의력을 자극하려면 먼저 아이의 이야기를 잘 들어줘야 합니다. 아이가 말한 것을 꼭 기억해 주세요. 아이들이 자주 털어놓는 불만이 '엄마는 제 말을 잘 안 들어요'나 '아빠는 저한테 관심이 없어요' 같은 말입니다. 설마 부모님들이 정말 아이의 말을 듣지 않거나 관심이 없겠어요? 제대로 안 듣고, 기억을 못하니 아이들의 불만이 생기는 겁니다. 엄마와 아빠는 늘 바쁩니다. '다 너희들 잘 키우려고 이렇게 소처럼 일하는 거다' 같은 소리는 엄마와 아빠가 어렸을 때 많이 들었던 말입니다. 우리 글로벌 세대의 어린 아이들에게는 딱히 먹히지 않는 멘트입니다. 그러니 말하고 싶어도 그런 표현은 꾹 참아주세요. 그럼 어떻게 해야 할까요?

하나, 아이가 엄마나 아빠를 찾을 때는 하던 일을 잠시 멈춰 주세요.

둘, 이 타이밍은 아주 잠깐일 겁니다. 그러니 그 시간만큼은 반드시 아이의 말을 경청해 주세요.

셋, 엄마나 아빠와 아이의 관계는 비즈니스가 아닙니다. 용건이 없어도, 전달하려는 메시지가 없어도 엄마나 아빠를 찾을 수 있어요. 왜 그런지 한 번 더 살펴 주세요.

넷, 정 시간이 없다면, '이따가 조용한 시간에 자세히 듣고 싶은데, OO는 어때?' 라고 역으로 제안해 주세요.

다섯, 인간은 망각의 동물입니다. 다 기억하지 못하면, 반드시 메모를 하세요. 작은 메모장이나 핸드폰에 꼭 적어두세요. 엄마와 아빠의 이런 행동을 보면 아이도 더 신중히 말하게 됩니다.

사람마다 많이 사용하는 감각기관이 다릅니다. 예를 들어 시각, 청각, 촉각, 후각을 주로 사용한다고 하면 아이는 시각을 많이 사용하는 '시각우위'일 수 있습니다. 엄마는 청각이 예민한 편이라 예의 없는 아이의 말투가 늘 거슬리는 '청각우위'일 수 있습니다. 아빠는 촉각을 잘 쓰는 '촉각우위'의 사람이라 집안의 습도나 온도에 예민해져서 짜증을 낼 수도 있습니다. 때로는 두 가지 감각을 동시에 쓸 수도 있습니다.

예를 들어 청각과 시각을 함께 쓰면 영화를 보는 것을 좋아하고, 청각과 촉각을 함께 쓰면 비가 오는 날의 빗소리와 습한 느낌을 좋아할 수도 있습니다. 촉각과 후각을 함께 쓰면 낯선 곳에 가서 새로 느끼는 기후와 함께 그곳의 독특한 향신료 냄새에 가장 먼저 반응을 할 수 있습니다. 그러니 엄마와 아빠가 어떤 감각을 많이 사용하는지 먼저 살펴보세요. 그리고 아이는 어떤 감각을 많이 사용하는지도 살펴보세요.

여기에서 핵심은 상대방이 많이 사용하는 감각을 존중해서 말투나 행동을 하는 것입니다.

'시각우위'라면 보이는 것에 더 신경을 써서 아이에게 다가가야 합니다. 엄마와 아빠가 짓는 표정도 중요하겠지요? '청각우위'라면 들리는 것에 예민합니다. 아이에게 말투나 크고 작은 소리가 잡음이나 스트레스 요인이 되지 않게 해주세요. '촉각우위'라면 더 많이 안아 주고, 쓰다듬어 주어야 사랑과 관심을 느낌니다. 반대로 '촉각우위'이기 때문에 만지는 게 싫은 아이들도 있을 수 있으니 잘 살펴보세요. 냄새에 예민해서 쉽게 두통이 오거나, 짜증을 낸다면 아이가 싫어하는 냄새를 풍기지 않도록 세심하게 신경을 써야 합니다.

엄마의 우위 감각은?

아빠의 우위 감각은?

아이의 우위 감각은?

그래서 내가 신경 써서 보완해야 할 부분은?

밤9시 엄마와 영어 글쓰기

'영어머리'를 길러주는 자기주도학습

저도 아이를 기르는 엄마이다 보니 아이의 학습에 누구 못지않게 뜨거운 관심을 갖고 있습니다. 그래서 시중에서 입소문을 타는 학습 관련 서적을 빼놓지 않고 탐독하는 편입니다. 그 중에 기억에 남는 책이 한 권 있습니다. 바로 독서교육 전문가인 최승필 작가의 『공부머리 독서법』입니다. 수많은 학부모의 공감을 얻은 것으로 기억합니다. 최승필 작가는 책에서 공부를 별로 안 하는 것 같은데 성적이 좋은 아이들을 가리켜 '공부머리'가 좋다고 표현했습니다. 또 공부는 스스로 할 때 확실히 자기 것이 된다고 설명했습니다. 지당한 말씀입니다. 그렇다면 공부머리가 무엇인가요?

저는 공부머리를 스스로 공부할 수 있는 능력, 다시 말해 자기주도

학습능력을 갖춘 상태라고 생각합니다. 그렇다면 자기주도 학습능력은 대체 무엇인가요? 자기주도성은 스스로 학습을 계획하고, 계획한 것을 실행하고, 자신이 진행한 부분에 대해서 확인하는 것입니다. 아울러 자신이 아는 것과 모르는 것을 구분해 낼 줄 아는 메타인지를 갖고 있는 상태입니다. 자신이 이해하고 배운 것을 다른 사람에게 설명할 수 있는 능력은 메타인지의 긍정적인 기능 중의 하나입니다.

자기주도성과 메타인지로 설명할 수 있는 공부머리는 단순히 자습을 하라고 시간을 주고, 혼자서 공부하도록 하는 것이 아닙니다. 또 아이와 가장 많은 시간을 보내는 사람이 엄마이기에 효과적으로 학습을 시키겠다며 하는 엄마표 학습도 자기주도학습을 길러주기에는 한계가 있습니다. 왜냐하면 이 엄마표 학습이 엄마에게 의존하도록 프로그래밍하기 때문입니다. 도와준다는 명분으로 아이를 끌고 가려고 하지 마세요. 엄마는 다양한 정보와 방법을 알려주는 좋은 가이드가 되어야 합니다.

이 세상에 공부를 못하고 싶은 사람이 있을까요? 우리 아이들에게 한 번 물어 보세요. 'OO야, 혹시 너 공부 못하고 싶니?'라는 질문을 던져 보세요. 답은 '아뇨!!!'일 겁니다. 누구나 공부를 잘하고 싶습니다. 요즘은 학교에서 1등부터 꼴등까지 성적순으로 줄지어 세워 놓지 않습니다. 하지만 아이들은 암묵적으로 서로의 성적을 매깁니다. 자존감이 높은 아이는 모든 아이들이 자기보다 못한다고 생각하며 행복의 나라에서 살고 있습니다. 어쩌면 이런 아이는 정말 축복 받은 상태입니다. 잘하면서도 스스로 잘한다고 인정을 못하는 아이들보다 100배는 행복한 아이들입니다.

그거 아세요? 꼴등도 공부를 잘하고 싶습니다. 극단적인 예로, 거지가 더 부자가 되고 싶은 마음이 드는 것처럼 말입니다. 공부를 못하는 게 가장 슬프고 괴로운 존재는 아이 자신입니다. 그러니 우리는 아이들을 함부로 비난하며 판단하고 가르치려 하면 안 됩니다. 영어 공부머리는 어떻게 해야 할까요? 사고력을 넓히면서 다양한 배경지식과 어휘를 습득해야 합니다. 영어학습의 기본은 단어를 수집하는 것입니다.

수집이라고 말하는 이유는 단어만으로도 의사소통이 가능하기 때문입니다. 단어를 많이 알고 있는 것은 경쟁력이 됩니다. 중학교 1학년 필수 어휘는 800개입니다. 수능 필수 어휘는 2만여 개입니다. 단어 2만 개는 800개씩 25번을 외워야 채워지는 양입니다. 꾸준히 오랜 시간을 암기하는 데 사용해야 합니다. 단어는 열심히 외우지만, 시험공포증과 불안감 때문인지 시험을 보고나면 다 잊어버리는 아이들이 많습니다. 단어 암기를 자발적으로 하는 것이 아니라 그 순간을 모면하기 위하여 해치우기 때문입니다.

영어 공부머리는 단어를 이해하는 힘입니다. 한 번 외운 단어는 절대 잊어버리지 않는 탄탄한 암기력이 영어 공부머리의 베이스가 됩니다. 사고력과 단어 암기력, 이 두 가지만 있으면 본인이 원하는 방향으로 갈 수 있습니다. 영어를 공부할 때도 기본적인 공부머리 위에 영어 공부머리를 얹어야 합니다. 한국어 바탕의 공부머리가 가장 먼저 와야 합니다. 즉 한국어로 된 내용을 잘 이해할 수 있어야 합니다. 가장 기초적이며 중요한 부분입니다. 기본적인 공부머리가 갖춰지지 않았기 때문에 아이들은 영어를 배우는 것이 어렵다고 느끼는 것입니다. 한국어와 한국어 과목에서 기초 학습이 탄탄하지 않다면 외국어인 영어 학습까지 이어가기가 어렵기 때문입니다.

영어 글쓰기를 강조하는 이유는 영어 글쓰기가 공부머리를 열어주기 때문입니다. 여기에는 두 가지 이유가 있습니다. 첫째, 영어는 암기력이 좋아야 잘할 수 있습니다. 우리에게는 영어가 외국어이기 때문에 암기가 학습의 8할을 차지합니다. 둘째, 영어는 활용능력이 있어야 유창하게 구사를 할 수 있습니다. 활용능력이라는 것은 인풋 된 정보를 그 상태 그대도 갖고 있는 것이 아닙니다. 들어온 정보를 이해하고, 저장, 통합해서 다시 내보내는 아웃풋과정을 갖는 것입니다.

아웃풋의 채널은 무려 네 가지나 있습니다. 읽는 것으로 표현할 것인가? 듣기, 말하기, 쓰기로 표현할 것인가? 총체적이고 통합적인 능력을 사용해야 하니 어느 한 영역이 부족하면 발달이 더디어 보이는 것입니다. 영어 구사능력에 개인마다 극심한 차이가 있는 것은 개인적인 역량이 각기 다르기 때문입니다. 18년 동안 제가 영어를 지도하면서 내린 결론은 이렇습니다. 영어 학습에 있어서 자기주도성을 세울 수 있는 시기는 최소 초등학교 3학년 이후라는 것입니다.

이 전에는 하나부터 열까지 챙겨줘도 못 따라옵니다. 학습이해나 신체발달에서도 여학생들은 3학년부터 가능하기도 하지만 어떤 남학생들은 4학년이 되어야 가능하기도 했습니다. 개개인의 발달상황이 가장 큰 변수가 되기 때문에 아이의 상태에 맞춰 학습을 시작하고 이어가는 것이 가장 중요하다고 생각합니다. 아이를 가장 먼저 살펴보시고, 아이에게 맞는 적절한 타이밍에 모든 것을 시작해 보세요. 아울러 이 책을 읽는 모든 학생들의 공부머리가 확 열리기를 기원합니다.

팬데믹 코로나로 인해 초등학교 1학년부터 온라인 클래스를 시작하고 있습니다. 아직 교육 콘텐츠가 미흡하다보니, 부정적인 시선과 우려가 앞서고 있습니다. 이 온라인 클래스의 시초는 Flipped Learning(플립러닝, 역순학습)입니다. 전통적인 수업방식을 역순으로 뒤집는 것입니다. 미국의 경우에는 96%의 교사가 플립러닝의 개념을 알고 있습니다. 48%의 교사가 플립러닝을 적용한 경험이 있을 만큼 활발히 쓰입니다. 집에서는 온라인으로 사전학습을 하고 학교에서는 토론과 발표 등을 통해 교육을 심화시키는 수업형태입니다. 이를 통해 학습자의 주도적인 참여가 가능해집니다.

창의적 인재 육성에 대한 요구가 높아지고, 학습의 주체가 교수자에서 학습자로 변해야한다는 교육 패러다임의 전환이 플립러닝을 가속화시켰습니다. 국내에서 플립러닝이 본격적으로 주목받기 시작한 것은 2014년 EBS에서 방영된 〈거꾸로 교실〉과 KBS에서 방영된

〈21세기 교육혁명, 미래교실을 찾아서〉를 통해서입니다.

이제 시간은 BC(비포어 코로나)와 AC(애프터 코로나)로 나뉠 것입니다. 앞으로는 시공간의 구애를 받지 않는 학습 환경이 더 큰 각광을 받게 될 것입니다. 스스로 알아서 학습 하고, 함께 할 때는 그것을 꺼내서 발표하고 공유를 하는 것이 흔해질 것입니다. 이 때 스스로 가진 역량을 마음껏 펼치도록 하루 1줄 영어 글쓰기가 도울 것입니다.

엄마·아빠의 피드백_칭찬

칭찬은 고래도 춤추게 합니다. 칭찬을 싫어하는 사람이 있을까요? 만약 싫어한다면 속빈 강정처럼 의미 없이 던지는 칭찬을 들었기 때문 아닐까요? 이런 칭찬에는 춤을 추지 않을 수도 있습니다. 우리 아이는 과연 어떤 칭찬을 듣고 싶을까요? 저는 칭찬리스트를 만들고 '칭찬 샤워'를 꼭 하도록 권합니다. 이 칭찬리스트는 아이가 직접 작성하도록 하세요. 1번부터 10번까지 어떤 말을 들을 때 가장 행복한지 아이가 적습니다. 그래서 오늘은 몇 번의 문장으로 몇 번의 칭찬샤워를 듣고 싶은지를 묻고 그에 맞게 진행해 주세요. 원하는 간식이나 선물이 있다면 횟수를 정해서 협상해보세요. 1주일에 한 번 시상을 하거나, 1달에 한 번 시상을 하는 게 어떠냐고 함께 상의한 후 정해 보세요. 많은 아이들을 통해 검증이 된 효과적인 방법입니다. 초등학생뿐만 아니라 사춘기가 된 중학생 친구들을 학습 코칭을 할 때도 큰 인기가 있었습니다.

아이가 직접 쓴 칭찬샤워 예시

1. 너 예쁘다.

2. 넌 참 똑똑해.

3. 너는 뭐든지 잘하네.

4. (공부할 때) 그만하고 나와.

5. 이런 것도 잘하네.

6. 넌 최고야.

7. 너는 정말 예뻐.

8. 너는 정말 똑똑해.

9. 시험을 잘 못 봐도 괜찮아.

10. 다음에 잘해!

꼭 기억하세요. 어떤 말이 아이를 춤추게 하는지를 알고 있어야 합니다. 그리고 항상 아이에게 많은 주도권과 선택권을 주세요. 영어는 학습으로 다가가면 오래하지 못합니다. 아이가 즐거워서 스스로 하는 행위가 되어야 영어 습관으로 자리를 잡습니다. 영어학습은 잘못 끼워진 첫 단추가 있다면 처음부터 다 뜯어내야 합니다.

정독을 지나 다독의 세계로 전진해야 한다

"EFL"(English as a Foreign Language, 잉글리시 애즈 어 포
린 랭귀지, 외국어로서의 영어) 환경에서 영어를 공부할 때 가장 효
과적이고 강력한 방법은 책을 읽는 것입니다. 그래서 외국어 습득
이론을 정립한 언어학자 스티븐 크라센(Stephen Krashen) 교수
도 책을 읽는 것이 가장 좋다고 주장했습니다. 책 읽기가 모국어 습
득과 유사한 형태로 영어를 익힐 수 있는 지름길임을 강조했습니다.
영어를 모국어로 사용하는 원어민 아이들도 취학 후 2~3년을 읽기
기초 기능 습득에 꼭 필요한 기간으로 생각하고, 지도를 받습니다.

대략 한국에서는 5~6학년이 되어야 집중읽기를 통해 영어 실력이
향상된다고 볼 수 있습니다. 대체적으로 우리나라 초등학교에서 영

어 읽기를 위해 사용하는 시간은 많이 부족합니다. 5~6학년에도 영어 읽기 실력이 좋지 않은 경우가 많습니다. 그래서 가정에서 읽기를 보완해야 합니다. 영어 읽기는 아이들이 처한 다양한 환경을 극복할 수 있는 평등한 활동입니다. 읽을 책이 있고, 읽을 시간이 있다면 그 외 다른 기회비용을 쓸 필요가 없기 때문입니다.

읽기를 생각하면 우리는 흔히 두 가지를 떠올립니다. 바로 정독과 다독입니다. 정독은 한 권의 책을 집중적으로 세부 내용을 살피며 읽는 것입니다. 글을 읽는 그 자체가 목표인 읽기 방법입니다. 즉, 영어 학습을 위한 읽기입니다. 그래서 지문을 최대한 잘 이해하기 위해 자세하고 꼼꼼히 한 자 한 자 뜯어보며 읽습니다. 우리 아이들은 기초적인 파닉스 과정을 마친 후에 다양한 리더스북을 정독하며 읽기를 강화합니다. 이는 정독을 통해 읽은 내용을 다른 텍스트를 읽을 때도 활용할 수 있도록 합니다.

다독은 무조건 책을 많이 읽는 것이 아닌 다양한 주제를 중심으로 광범위하게 읽는 것입니다. 의미를 이해하기 위해 읽습니다. 읽기의 즐거움을 느끼면서 정보를 얻기 위해 합니다. 다독은 읽기 과정에서 모든 세부 사항을 점검하지 않고, 텍스트의 중심 개념을 찾아내는 데 중점을 둡니다. 다양한 주제의 많은 책을 읽는 것이 다독의 목표입니다. 크라센 박사는 즐겁게 읽어야 언어 발달이 더 잘 된다고 덧붙였습니다.

그래서 다독을 'Free Voluntary Reading(프리 발룬터리 리딩,

자발적 읽기)'로 정의하기도 했습니다. 즐거움을 느끼며 읽기를 지속할 수 있어야 다독이라고 말할 수 있습니다. 다만, 다독은 기초적인 읽기 능력이 부족하거나 스스로 읽는 것을 즐기지 않는 학생들에게는 적용하기 어렵습니다. 강제적인 다독은 아이들로 하여금 자연스레 영어를 싫어하게끔 만듭니다.

왜 읽어야 할까요? 정독과 다독이 주는 이점은 아래와 같습니다.

하나, 영어 읽기를 쉽게 느낀다.

둘, 읽기를 자신 있게 할 수 있다.

셋, 읽기에 대한 동기를 제공한다.

넷, 어휘력을 향상시킬 수 있다.

다섯, 책을 읽는 목적을 알고 있다.

여섯, 책의 종류에 따라 읽는 속도를 조절할 수 있다.

일곱, 자신에게 맞는 책을 고를 수 있다.

이 중에 어휘력을 향상시킬 수 있다는 부분이 가장 눈에 띕니다. 글을 잘 쓰는 작가들을 떠올려 보세요. 작가들은 풍부한 어휘력의 소유자입니다. 이 어휘력은 다독의 결과입니다. 다독이 모든 사람들이 공통적으로 말하는 가장 좋은 독서방법인 것을 증명합니다. 다독이 이해력과 사고력을 증진시켜주기 때문입니다.

고등학교에 들어가서 국어 점수가 곤두박질을 친다면 다시 태어나야 해결이 가능하다는 슬픈 유머가 있습니다. 어떤 아이들은 국어를 많이 어려워합니다. 우리가 매일 사용하는 모국어임에도 말입니다. 이는 수학문제를 이해하는 데 있어서도 중요하게 작용합니다. 영어 독해 문제를 해결하는 데도 국어 실력이 변수가 됩니다. 즉, 국어를 잘해야 영어와 수학도 잘하게 됩니다. 늦었다 생각하지 말고 지금이라도 책을 읽기 시작하라는 이유가 여기에 있습니다.

조리 있게 말을 잘하거나 글을 잘 쓰는 사람들을 보면 대부분 어휘력이 풍부하다는 공통점이 있습니다. 어휘력이 풍부한 사람들은 주변을 관찰하면서 다양한 어휘를 수집합니다. 그리고 부모나 선생님, 이웃 어른들의 말을 경청하면서 새롭게 알게 된 어휘를 자신의 것으로 만들려는 끊임없는 노력을 합니다. 아이가 모르는 것을 부모에게 스스럼없이 물어볼 수 있는 환경을 주어야 합니다.

'그것도 몰라? 너 몇 살인데 그런 것도 몰라?'라며 면박을 주는 대응은 정말 쓸데가 하나도 없습니다. 한국어의 70% 이상이 한자어로 이루어져 있어 한글을 잘 안다고 해도 한자를 모르면 모든 제대로 이해하기가 어렵습니다. 그래서 부모가 해줘야 하는 것이 바로 한자어를 풀어서 아이가 이해하도록 도와주는 것입니다. 3년 넘게 한자 학습지로 공부를 했어도 잘 모를 수 있습니다. 이해하지 않고, 글자만을 외웠기 때문입니다. 즉, 한자만을 외웠기 때문에 그 한자가 국어에서 어떻게 사용되고, 뜻이 적용되는지를 모릅니다.

글을 잘 쓰는 대문호, 명작가들은 읽는 것 역시 즐겼습니다. 그들은 정독과 다독의 세계를 종횡무진하며 자신이 좋아하는 작가의 작품을 탐독했습니다. 닮고 싶은 작가를 모델로 삼아 더 많은 어휘와 더 다양한 표현을 얻으려 했습니다. 글자 그대로 풍부한 영감을 제공하는 독서를 즐겨 했습니다. 이렇듯 글을 잘 쓰기 위해서 많이 읽어야 한다는 것은 그 누구도 반박할 수 없는 정설이 되었습니다. 어휘력이 풍부하면, 표현력 역시 다양하고 풍부해진다는 것도 우리가 쉽게 예상할 수 있는 부분입니다. 잘 쓰기 위해 더 읽고, 더 읽기 위해서 더 써야 합니다. 하루 1줄 영어 글쓰기가 아이들이 정독의 세계를 넘어 다독의 세계로 정진하도록 돕습니다.

나쁜 습관 먼저 버리기

정독을 하는 것에도 또 다독을 하는 것에도 가장 핵심이 되는 것은 시간입니다. 엄마와 아빠가 아이에게 충분한 시간을 주면서 인내해야 합니다. 그런데 이 인고의 시간을 방해하는 큰 장애물이 있습니다. 바로 나쁜 습관입니다. 엄마와 아빠의 나쁜 습관에는 무엇이 있을까요? 바로 불안감, 죄책감, 남의 아이와 비교하기입니다. 그동안 많은 부모님들을 뵈었는데 공통적으로 많이 고민하는 것이 이 세 가지였습니다.

1. 불안감

평정심을 유지하는 것은 정말 어렵습니다. 불안감은 시간에 대한 조급함, 모든 것에 대한 염려와 일어나지 않을 일에 대한 근심을 포함합니다. 시간에 대한 조급함은 아침 등교시간에 확인할 수 있습니다. 일어나지 않는 아이와 늦지 않게 학교에 보내야하는 엄마 아빠 사이에 아침마다 전쟁이 일어납니다. 늘 제한된 시간에 엄마와 아빠는 동동거리며 쫓기는 것 같습니다. 아이가 덜 신경을 쓰며, 느릿하게 행동을 한다면 더 화가 나겠죠? 엄마와 아빠는 아이를 키우면서 염려하는 일이 더 많아집니다. 친구와의 관계, 선생님과의 관계, 학습태도 등 아이와 함께 없을 때도 염려와 근심은 줄어들지 않습니다.

주로 독박육아를 하는 경우에 불안감이 더 크게 나타났습니다. 엄마와 아빠가 시간을 배분하여 아이를 함께 돌보고, 학습을 지도하며 함께 고민을 나누기를 권합니다.

2. 죄책감

잘못한 일에 대해 죄책감을 느끼는 건 당연한 것입니다. 다만, 정당한 이유로 아이를 혼냈음에도 아이에게 늘 미안한 마음을 갖고 있는 엄마와 아빠가 있습니다. 아이들은 참 영리합니다. 영악합니다. 역으로 엄마와 아빠의 그러한 심리상태를 이용하기도 하니, 조심하세요. 일하는 엄마와 아빠가 많이 느끼는 감정이기도 합니다. 주로 양육을 누군가에게 의존해서 아이와 함께 더 많은 시간을 보내지 못해 느끼는 경우가 많습니다.

3. 남의 아이와 비교하는 습관

아무리 평등한 세상이 된다고 해도 서열을 매기고, 남을 평가하는 것은 사라지지 않을 것입니다. 다만, 평가의 기준이 남이 아니라 내가 된다면 덜 불행할 것이라 생각합니다. 자존감은 남과의 비교에서도 당당하고 자신 있는 태도를 잃지 않는 것입니다. 어른이든 아이든 타인과 비교하며 열등하다고 평가를 받고 싶지는 않습니다. 남의 아이와 비교하면서 가장 소중한 우리 아이의 자존감을 깎아먹지 마세요.

버리고 싶은, 꼭 버려야 하는 습관을 적어 보세요.

나를 제대로 파악하는 것이 가장 중요합니다.

나를 감추거나, 한 겹 덮어서 흐릿하게 보지 마세요.

모든 것을 들춰내어 가장 원초적인 모습의 나를 찾아보세요.

OOO의 엄마인
나 OOO는 앞으로 OO일간 OO개의 습관을 버리겠습니다.

첫째, 나와 아이에 대한 불안감을 버리겠습니다.

둘째, 아이에 대한 죄책감을 버리겠습니다.

셋째, 남의 아이와 비교하는 습관을 버리겠습니다.

넷째,

다섯째,

여섯째,

일곱째,

여덟째,

아홉째,

열째,

초등학생 시기는 영어학습의 다이아몬드 타임

하루 1줄 영어 글쓰기를 시작하는 가장 좋은 타이밍은 언제일까요? 바로 초등학생 시기입니다. 초등학생 시기는 영어 글쓰기의 다이아몬드 타임입니다. 3학년이라면 딱 좋은 시작 타이밍입니다. 하루 1줄 영어 글쓰기는 영어 글쓰기를 잘하기 위해 세우는 첫 도미노입니다. 도미노도 처음에 줄을 세우는 데 시간이 걸립니다. 하지만 첫 도미노는 나중에 빌딩만한 도미노도 쓰러뜨릴 수 있는 힘을 갖고 있습니다. 규칙적인 하루 1줄 영어 글쓰기를 통해 학습 습관을 기를 수 있습니다. 이 영어습관은 영어를 자유자재로 편하게 쓰도록 이끕니다.

영어 학습은 어릴 때부터 시작해야 효과적입니다. 이러한 사회적 변화에 맞춰 우리나라도 1997년부터 영어를 정규 과목으로 채택하였습니다. 초등학교 3학년부터 영어 학습을 시작하고 있습니다. 영어교육의 중요성이 더 커졌습니다. 2000년대에 들어서는 입학 전부터 사교육을 통해 영어를 시작하고 있습니다. 전보다 더 빠르게 영어를 접하고 있지만, 영어에 대한 어려움은 여전히 존재합니다. 정규과목으로 접근하려는 시도는 좋았지만, 학습시간이 턱없이 부족하다는 것이 여전히 큰 약점입니다.

학교마다 다르지만, 대체로 초등학교에서는 일주일에 5~6시간 영어수업을 합니다. 학습에 노출되는 시간이 턱없이 부족한데 한 학급에 30여 명의 학생들이 모여 있습니다. 과밀한 인원수가 재차 효과적인 영어 학습을 방해합니다. 그래서 실전 상황처럼 회화를 하도록 진행하는 것이 어렵습니다. 원어민 선생님을 매일 보면 좋겠지만, 그마저 불가능합니다. 아이들은 일주일에 최소 1회에서 최대 5회 정도 원어민 선생님을 만날 수 있습니다. 양극화 현상은 지방으로 갈수록 더 심해집니다. 즉, 원어민 선생님이 가르치는 수업 시간도 충분치 않습니다.

한국은 영어시간 이외에 모든 과목을 한국어로 수업합니다. 그러므로 해외 어학연수만큼의 실력향상을 기대하기가 어렵습니다. 영어 학습에 노출되는 시간에도 정량이 존재합니다. 충분한 양이 노출되면 이를 자신이 알고 있는 내용을 바탕으로 수용, 변형, 재조직 할 수 있습니다. 하지만, 지금의 공교육에서는 어렵습니다. 저는 공교육과 사교육의 장단점에 대해 논하려는 것이 아닙니다. 교육에서 가장 중요한 것은 타이밍이라고 생각합니다.

우리 아이에게 어떤 것이 필요하고, 어떤 것을 보충해야 하는 지를 잘 판단하고 적시에 필요한 교육을 받도록 지원해야 합니다. 그래서 교육은 투자라고도 말합니다. 내가 필요한 것이 있다면 투자를 해야 합니다. 영어 말하기는 한국인이 가장 선호하는 역량이면서 가장 어려워하는 역량입니다. 즉, 가장 잘하고 싶으면서도 잘 늘지 않고, 가장 못하는 능력입니다. 학습의 정량이 채워지지 않기 때문에 가시적인 효과를 얻지 못하고 있습니다.

영어를 쉽고 편하게 잘 사용하는 나라들이 꽤 많이 있습니다. 핀란드가 대표적인 경우입니다. 우리나라처럼 영어교육에 과다한 애정을 쏟지 않아도 핀란드 학생들은 고등학교 때쯤에는 영어로 토론이 가능한 수준에 이른다고 합니다. 방과 후 대부분의 시간에 영어를 사용하고, 실생활에서 활용하는 것이 한국과의 가장 큰 차이점입니다. 즉, 영어환경에 자연스레 늘 노출이 되어 있습니다. 영어를 시험을 위한 과목이 아닌 언어로 사용하고 있습니다.

통계에 따르면 핀란드인은 대체로 2,000개 정도의 영단어를 알고 있다고 합니다. 2,000개의 어휘력으로 영어회화를 유창하게 하고 있습니다. 핀란드 전체 인구의 약 94%가 어느 상황에서든지 자신의 생각을 영어로 전달 할 수 있다고 합니다. 우리와 그리 멀지 않은 곳에 있는 동남아 필리핀은 어떤가요? GDP를 비교하면 한국이 훨씬 선

진국으로 인정받지만 한국의 국민의 영어실력은 필리핀보다 한참 뒤처져 있습니다. 필리핀 국민들 역시 영어를 제2언어로 유창하게 사용합니다. 이러한 차이는 어디에서 오는 걸까요?

필리핀 국민의 학습방식이 우리와는 다르기 때문입니다. 영어에 노출되는 시간도 많고, 실제로 영어회화를 사용하는 시간이 한국과는 비교도 안 될 정도로 많기에 가능합니다. 배운 것을 실생활에서 실제로 사용하기 때문에 영어회화를 더 잘합니다. 영어 말하기는 계속 사용해야 녹슬지 않습니다. 아이들에게 그렇게 말할 수 있는 환경을 조성해 줘야 합니다. 인풋을 아웃풋으로 끌어내도록 자극을 주어야 합니다. 그래서 팝송으로 영어 익히기, 미드로 영어회화 늘리기, 영화로 영어회화 학습하기 등 미디어 콘텐츠를 활용한 영어 학습이 인기가 많습니다.

"EOP"English Only Policy(잉글리시 온리 팔러시, 영어만 사용하기)라고 영어 수업 때 한국어를 말하지 못하도록 하는 수업법이 한창 유행했습니다. 영어유치원에서 원어민 교사와의 수업 때 많이 적용하는 수업방식입니다. 그럼에도 아이들의 말하기 실력은 좀처럼 나아지지 않고, 유창해지기까지 시간은 더디 흐르는 것 같습니다. 가성비가 떨어진다고 볼 수 있습니다. 이제는 영어 글쓰기에 투자를 해야 합니다. 초등시기가 가장 다이아몬드 타임인 이유를 작가의 특성에 빗대어 3가지로 정리합니다.

첫째, 글쓰기를 잘하고 싶다면 민감성을 길러줘야 합니다. 초등 시기가 이 민감성을 기르기에 가장 좋습니다. 이 시기에 잘 길러진 민감성은 유연성과 창의력을 증진시키는 데 도움을 줍니다. 민감성은 예민함이 아닙니다. 주변 환경에 대한 관찰을 즐기고, 주의 깊게 살펴보는 것입니다. 그러한 태도가 습관이 되어 주위의 미묘한 변화를 잘 알아차리도록 도울 것입니다.

둘째, 우리 아이들이 가장 먼저 접하는 글쓰기는 받아쓰기와 일기입니다. 받아쓰기를 통해 정확성을 기르고, 반복적인 일기쓰기를 통해 유창성을 기를 수 있습니다. 일기쓰기를 시작하는 시기가 초등학교 때입니다. 그래서 아이들은 초등시기에 충분한 시간을 갖고 연습할 수 있습니다. 글을 꾸준히 쓰게 되면 얻는 이점은 유명한 작가들을 통해 확인할 수 있습니다. 대체적으로 그들의 생활방식과 글 쓰는 방법은 잘 정돈되어 있습니다. 글을 쓰는 방법이 잘 정돈되었다는 것은 기본적으로 글을 쓰는 방법을 알았다는 것입니다. 이 글쓰기 방법은 구두점 사용, 글의 문맥파악, 글의 종류를 구분하는 기본적인 지식을 포함합니다. 우리 아이들이 하루 1줄 영어 글쓰기를 하면서 글을 쓰는 방법을 제대로 정립할 수 있습니다. 이것은 아이들의 삶과 생활방식에도 긍정적인 역할을 할 것입니다.

셋째, 초등 시기는 사춘기 전에 아이들의 태도가 가장 순종적이며 교육 효과가 잘 나타나는 때입니다. 시간적인 여유로 인해 다양한 분야를 경험할 수 있는 시기이기도 합니다. 그래서 하루 1줄 영어 글쓰기를 초등시기에 시작해야 합니다. 훌륭한 작가들은 여러 번 그리고 깊이 생각하면서 자신의 생각을 명쾌히 잘 정리하였습니다. 저는 이 특징이 후천적으로 길러내기 어려운 부분이라 생각합니다. 그 생각이 분명하고 정확한 한 줄의 글로 존재하도록 애썼습니다.

이 부분은 양육자인 부모나 교사, 학원 교사의 도움이 필요합니다. 아이가 어떠한 생각을 질문했을 때 답을 주려고 하면 그 생각은 금방 멈추게 됩니다. 생각이 생각을 끌어내고, 더 깊이 사유하도록 다른 질문을 하길 권합니다. 아이에게 필요한 정보는 더 제공하면서 스스로 이해하고 정리할 수 있도록 시간을 주어야 합니다. 질문은 아이를 성장하게 합니다. 그래서 아이가 아는 것을 스스로 정리하고 확장할 수 있도록 질문을 많이 해주시길 권합니다.

하루하루가 다르게 아이가 자라는 것이 참 예쁘고 신기할 때가 많습니다. '언제 이렇게 컸지?'라는 마음이 들 정도로 왠지 모르게 서글퍼질 때도 있습니다. 부모와 지도교사가 어떤 방향으로 이끌어 나가는지에 따라 인성과 품성 그리고 학습습관이 형성되는 초등 시기는 두 번 다시 돌아오지도 않거니와 시간을 거슬러 돌아갈 수도 없습니다. 그러니 황금보다도 더 귀한 이 다이아몬드 타임에 영어 글쓰기를 시작해 보세요. '하루라도 더 빨리 시작할 걸 그랬어'라며 후회하지 않도록 말입니다.

엄마·아빠의 영어습관 챌린지

다이아몬드도 다듬고 광을 내지 않는다면 돌멩이에 불과합니다. 우리 아이의 다이아몬드 타임을 반짝반짝 빛나게 할 건가요? 아니면 그냥 흘러가게 두실 건가요? 엄마표 영어코칭이라는 이름은 엄마와 아빠가 먼저 달라져야 하기 때문에 붙인 이름입니다. 아이의 다이아몬드 타임을 세상 화려하고 찬란하게 빛나도록 먼저 준비해 주세요. 엄마와 아빠가 어른이고, 아이의 부모이니 꼭 준비해 주셔야 합니다.

습관 서약서 쓰기

자필로 습관 서약서를 작성해 주세요.

습관 서약서

나 OOO는 OOO의 엄마(아빠)입니다.
다음과 같이 21일간의 영어습관챌린지를 시작합니다.

첫째, 나 OOO는 먼저 영어를 공부하는 엄마(아빠)가 될 것을 다짐합니다.

둘째, 나 OOO는 OOO에게 상냥하고 친절하게 영어를 알려 주겠습니다.

셋째, 나 OOO는 OOO의 영어 실력에 불안감을 느끼지 않겠습니다.

넷째, 나 OOO는 OOO를 다른 아이와 비교하지 않겠습니다.

다섯째, 나 OOO는 21일간의 영어습관챌린지를 반드시 완수 하겠습니다.

서명: _____

2장

영어를 한국어처럼
사용하는 때가 온다

영어를 반드시 잘해야 하는 이유 3가지

영어를 잘해야 하는 이유는 정말 많습니다. 3가지로 압축하여 설명하고자 합니다.

첫째, 영어는 스펙이 아닌 생존을 위한 무기이다.

18년간 많은 부모님을 만났습니다. 부모님을 만나면 열이면 열 꼭이 말씀을 하십니다. '선생님, 우리 아이가 살면서 영어가 정말 필요하단 것을 알게 해주세요. 저처럼 영어 때문에 고생하고, 무시 받지 않게 선생님이 잘 가르쳐 주세요.' 왜 부모님들은 영어가 인생에서 중요하다고 생각할까요? 왜 평생을 투자해서라도 반드시 잘해야 한다고 생각할까요? 오랜 시간 부모님들을 뵈면서 알게 되었습니다.

비록 나는 못했지만, 우리 아이는 잘해야 한다는 간절한 바람이 있습니다. 이것은 부모세대에서 자식세대에게 유산처럼 내려오는 교육에 대한 한과도 같습니다.

영어는 부모가 교육을 제대로 받지 못해서 또는 열심히 하지 않아서 이루지 못한 후회가 되어서는 안 됩니다. 영어는 우리 아이들에게 날개가 되어야 합니다. 더 높이, 더 멀리 날 수 있도록 평생에 도움이 되어야 합니다. 아이들은 글로벌 리더로서 나라를 이끌 한국의 미래입니다. 부모 세대가 여행이나 직장에서 살아남기 위해 또는 순간을 넘기기 위해 생존영어로 버텼다면 아이들은 그것을 넘어서야 합니다. 손짓발짓을 섞어 쓰는 생존영어를 넘어 글로벌 리더의 핵심 역량으로 영어 실력을 갖춰야 합니다. 어느 상황에서나 자유자재로 사용할 수 있는 탄탄한 영어실력을 갖춰야 합니다.

네, 맞습니다. 글로벌 시대에서 영어는 생존을 위한 강력한 무기가 될 것입니다. 더 이상 자랑할 만한 스펙이 아닐지도 모릅니다. 주변을 둘러보세요. 영어를 잘하는 사람이 너무 많습니다. 2개 국어를 구사하는 사람을 Bilingual(바이링구얼, 이중 언어 사용자)라고 합니다. 요즘 바이링구얼은 어디에서나 흔히 볼 수 있습니다. 3개 국어를 구사하는 Trilingual(트라이링구얼, 삼중 언어 사용자)나 4개 국어를 구사하는 Quadlingual(쿼드링구얼, 사중 언어 사용자)도 있습니다. 구사할 수 있는 언어의 개수가 스펙이 될 수는 있겠지만, 영어 하나만 잘한다고 해서 그렇게 경쟁력이 있을지는 잘 모르겠습니다.

아이들이 직장에 다닐 때쯤에는 영어를 못하는 사람을 찾기가 어려울 것입니다. 그래서 우리 아이들은 반드시 영어를 잘해야 합니다.

영어는 어느 나라에서 가장 많이 사용할까요? 미국인과 영국인이 영어를 가장 많이 사용할까요? 우리의 예상과는 다르게 비영미 문화권의 사람들이 더 많이 사용합니다. 정통 원어민이라고 칭하는 미국인과 영국인보다 그 외의 사람들이 영어를 사용하는 비중이 더 큽니다. 그래서 아이들은 영어를 잘하는 원어민과의 대화보다는 비원어민과 의사소통을 원활하게 해야 합니다. 이러한 이유로 영어가 단순히 시험점수로만 존재하지 않음을 강조하고 싶습니다.

둘째, 창의 · 융합형의 미래형 인재가 되어야 한다.

VUCA! Volatility, Uncertainty, Complexity, Ambiguity(불확실한 상황과 리스크)라는 말로 오늘날을 표현하곤 합니다. 우리에게 놓인 미래가 변덕스럽고(volatility), 불확실하며(uncertainty), 복잡하고(complexity), 모호하기(ambiguity) 때문입니다. 지난 2015년, 한국의 교육부는 VUCA시대에는 인문학적 상상력과 과학기술 창조력을 두루 갖춘 창의 · 융합형 인재가 필요함을 강조했습니다. 그런 인재가 되려면 무엇이 필요할까요? 창의적 사고와 의사소통 역량을 갖춰야 하는데, 둘 중 더 중요한 것은 의사소통 역량입니다.

교육부는 Communicative Competence(커뮤니커티브 컴피턴

스, 실질적인 의사소통 능력)의 향상에 힘쓰고 있습니다. 그렇다면 의사소통 능력 중에서 가장 중요한 2가지는 무엇인가요? 바로 말하기와 쓰기입니다. 이에 영어 교육은 기존의 읽기와 듣기의 수업에서 말하기와 쓰기를 강조합니다. 다양한 연구에서도 세계화의 시대에서 가장 필수적인 의사소통 능력의 향상을 위해서 말하기와 쓰기의 중요성을 강조하고 있습니다.

읽기와 듣기에 중점을 두었던 교육에서 왜 말하기와 쓰기를 강화시키는 방향으로 바뀌었을까요? 한국의 영어 학습이 실질적인 의사소통의 기능을 발휘하지 못하기 때문입니다. 영어교육에도 실용적인 변화의 바람이 불고 있습니다. 중·고등학교에서는 영어 쓰기와 말하기 과제를 수행 평가로 시작했습니다. 수업뿐 아니라 평가 방식에서도 전환이 일어나고 있습니다. 이제 아이들은 영어를 전보다 더 적극적이고 능동적으로 학습해야 합니다. 오래전부터 우리나라 영어 교육의 최종적인 목표도 의사소통 능력의 개발과 향상이었습니다.

그렇다면 영어 의사소통 능력은 무엇일까요? 이는 일상생활 및 다양한 상황에서 영어로 의사소통을 할 수 있는 역량입니다. 영어 이해 능력과 영어 표현 능력을 포함하고 있습니다. 영어를 잘하기 위해서 필요한 2가지는 바로 정확성과 유창성입니다. 명확한 의사 전달을 위해서는 정확성을, 다양한 범주의 이해력과 수용을 위해서는 유창성을 갖춰야 합니다. 의사소통 역량을 가장 잘 개발시킬 수 있는 2가지가 바로 글쓰기와 말하기입니다.

교육부는 또 영어의 4가지 기능 중 2가지 이상을 함께 복합적으로 사용하는 통합능력을 길러야 한다고 강조했습니다. 예를 들어 듣기와 말하기, 읽기와 쓰기, 쓰기와 말하기를 함께 사용하는 것입니다. 여러 연구를 통해 우리는 쓰기가 말하기 능력까지 함께 발달시킴을 알고 있습니다. 쓰기와 말하기의 표현 능력은 유창성과 정확성을 동시에 발달시킬 수 있습니다.

영어 글쓰기가 그렇게 좋은데 왜 한국의 영어 교육은 쓰기 영역에 소홀했고, 읽기 위주의 학습에 집중했던 것일까요? 글쓰기의 학습이나 지도 자체를 어렵게 생각하기 때문입니다. 맞습니다. 자유롭게 여러 방향의 글을 큰 제약 없이 쓸 수 있는 한글 글쓰기와는 다르게 영어 글쓰기는 오탈자나 문법과 어휘를 고쳐줘야 하기 때문에 쉽지 않습니다. 여러 연구에서도 쓰기 능력의 정확성 향상에 있어 직접적인 오류 교정 피드백이 가장 효과가 크다는 것이 증명되었습니다. 즉, 교사가 직접 오류를 고쳐줘야 정확한 글쓰기 실력을 쌓을 수 있습니다. 우리나라 학생들에게도 마찬가지입니다.

하지만 대부분의 한국인 선생님들은 피드백을 주거나 교정하는 것을 어려워합니다. 쓰기 지도의 경우 학생들의 활동 이후 교사의 피드백과 수정이 필요하지만 우리나라 교실 상황에서는 제대로 진행되지 않습니다. 사교육도 별반 다르지 않습니다. 원어민은 틀린 문법과 어휘를 바로잡을 수 있지만, 글쓴이가 어떤 부분을 표현하고 싶은지에 대한 이해도가 떨어져 글의 완성도를 강화시키기에는 부족합니다. 그래서 하루 1줄 영어 글쓰기로 조금 더 체계적으로 시작하길 권합니다. 아이가 이 책에서 보고 배운 미라클 스위치를 자유롭게 활용하기 시작한다면 이후에는 일정 비용을 내고 인터넷을 통해 교정 서비스를 받으면 됩니다.

학교에서뿐만 아니라 일상적인 의사소통에도 글쓰기는 존재합니다. 우리는 '정보의 바다'에서 살고 있습니다. 거의 모든 정보를 손쉽게 어디에서나 찾을 수 있습니다. 개인의 경쟁력은 어떠한 정보를 얻어서 얼마나 빨리, 어떻게 의사소통을 하느냐에 따라 좌우됩니다. 나도 알고 있었는데 하면서 부러워만 한다면 늘 뒷북만 치게 됩니다. 즉, 정보를 취합해서 어떻게 소화시키고, 전달하느냐에 성패가 달려 있다는 것입니다. 서 말이 넘는 많은 정보를 잘 꿰어 보기 좋게 만들어야 하고, 상대방을 잘 이해시키고 설득해야 합니다. 그 과정에서 글쓰기는 필수입니다.

우리는 코로나로 인해 전 세계가 밀접하게 연결되어 있음을 확인했습니다. 궁금한 답은 1분도 들이지 않고 포털 사이트에서 찾을 수 있습니다. 인터넷의 발달로 더 좁아진 글로벌 세계에서는 개개인에게 글쓰기 능력을 더 많이 요구하고 있습니다. SNS를 떠올려 보세요. 사람들은 블로그나 페이스북, 트위터, 인스타그램 등을 통해 친구를 만들거나 맘에 드는 사람을 팔로우하며 자신의 생각을 마음껏 표현합니다.

낯선 사람들과도 거리낌 없이 소통하고 교류합니다. 취미나 관심사가 같은 사람들이 한 커뮤니티에 가입해 다양한 정보를 주고받고, 댓글이나 메시지를 통해 사회적인 관계를 넓히고 있습니다. IT 시대에 글쓰기는 더 이상 대학 입학을 위한 논술이나 리포트 등 학술적 글쓰기에 국한되어 있지 않습니다. 이제 글쓰기는 새로운 의사소통 수단으로 자리매김을 했고 앞으로 더 중요도가 커질 것입니다.

셋째, 한국에서만 살아도 영어는 무조건 잘해야 한다.

아이들과 수업을 하면 영어나 공부와는 직접적인 연관성이 없는 다양한 질문을 받게 됩니다. 어떤 때는 즉각적인 답을 주기가 힘들 때도 있습니다. 제가 전혀 궁금해 하지 않았던 부분이라 생각할 시간이 필요하기 때문입니다. 아마 저는 답을 다 알고 있을 거라고 생각했던 것 같습니다. 그래서 '이런 게 궁금할 수도 있구나' 하며 신기할 때가 많습니다. 제가 가르쳤던 수천 명의 학생 중에서 유독 기억에 남는 아이가 하나 있습니다. 자기는 외국에 갈 계획도 없고, 어른이 되어서도 한국에서만 살 텐데 굳이 왜 영어를 잘해야 하는지 모르겠다고 질문을 던졌습니다. 앞으로 평생 영어 쓸 일이 없을 거라고 자신 있게 말했습니다. 20개의 단어를 10분도 채 안 되는 시간에 완벽하게 외우는 영특한 아이가 그렇게 말을 하니 헛웃음이 났답니다.

영어를 꼭 잘해야 하나요? 제 대답은 '예스'입니다. 왜일까요? 이유는 이렇습니다. 영어는 가장 많은 사람들이 쓰는 공용어이므로 잘

해야 합니다. 세계는 하루 생활권이 되어 말 그대로 지구촌 사회가 됐습니다. 정보·통신 기술의 발달로 시간과 거리의 제약이 크게 줄었습니다. 영어는 바로 지구촌 사회를 하나로 이어주는 세계어로서 그 위상이 더욱 높아지고 있습니다. 세계화된 사회를 연결해주는 주요한 도구입니다.

Native Speaker(네이티브 스피커, 원어 사용자)뿐 아니라 전 세계인의 의사소통 수단으로서 나날이 중요해지고 있습니다. 한국 교육부도 영어를 하나의 언어가 아니라 다양한 문화권의 세계인과 소통할 수 있는 수단으로 이해하고 있습니다. 글로벌 이벤트나 국제회의는 대부분 영어로 진행합니다. 각 국가의 사회적 이슈는 영어로 번역하여 실시간으로 공유됩니다. 전 세계 인터넷 자료의 절반 이상이 영어로 되어 있습니다. 양질의 정보를 빠르게 찾고 싶다면, 영어로 검색하는 것이 더 유리합니다. 모든 산업 분야가 국제화되면서 영어는 세계 공용어가 되었고, 가장 많은 사람들이 쓰는 언어로 자리 잡은 지 오래입니다. 이 한 가지 이유만으로도 영어는 오늘 당장 학습을 시작할 충분한 이유가 됩니다.

우리는 미국, 영국, 호주 등의 영어 사용 국가뿐 아니라 우리나라와 같은 EFL 환경 혹은 "ESL" English as a Second Language(잉글리시 애즈 어 세컨드 랭귀지, 제2언어로서의 영어) 환경에서도 폭넓게 영어를 사용하고 있음을 알고 있습니다. 아이러니하게도 이러한 이유로 영어를 잘 하는 것은 더 이상 어떤 특출한 능력이나 스펙으로 여겨지지 않기도 합니다. 시대에 발맞춰 가기 위한 필수 요건 정도로 생각하고, 글로벌한 환경에서 다른 사람과 협력하며 일을 진행하기 위해 기본적으로 갖춰야할 의사소통 역량으로 인식하고 있습니다.

그렇기 때문에 영어는 정규교육 과정에서만 학습을 하고 끝낼 수 없습니다. 대학 진학 후는 물론 졸업 후 직장에서도 꾸준히 재교육을 하고 있습니다. 그래서 영어는 죽을 때까지 잘해야 합니다. 수학으로는 대학을 가고, 영어로는 평생 먹고 산다는 농담 같은 말은 아프지만 현실을 제대로 투영한 명언입니다. 특히나 영어는 한국의 거의 모든 분야에서 관심을 갖고 지켜보고 있습니다. 정치, 경제, 교육 모든 분야에서 주요한 관심 대상입니다. 영어에 흥미를 갖게 하고 친숙히 여기면서 조기에 바른 학습 태도를 기르는 것이 중요합니다. 여기에는 간단한 의사소통이 가능하도록 하는 것도 포함하고 있습니다.

읽기, 쓰기, 말하기, 듣기, 영어의 네 가지 영역 중 무엇을 제일 먼저 시작해야 할지 막막하다면, 아이가 가장 쉽고 재밌어 하는 영역이 무엇인지 살펴보세요. 아이가 스스로 하고 싶은 영역을 직접 선택하게 하는 것이 제일 중요합니다.

듣기를 쉽게 느끼고, 좋아한다면 어떻게 해야 할까요? 무조건 반복해서 많이 듣는 것은 잘못된 학습법입니다. 2만 번을 반복해서 듣는다고 해도 아이가 알지 못하는 것은 절대로 들리지 않습니다. 아는 것이 들리는 법입니다. 영어 듣기를 할 때, 두 가지는 반드시 알고 있어야 합니다. 바로 강세와 연음입니다.

영어에는 강세가 있습니다. 대체로 강세는 모음 위에 옵니다. 강세를 살려서 각 단어를 발음해야 합니다. 말하기로 의사소통을 할 때 일일이 철자를 알려 주는 것이 아니기에 강세를 정확하게 사용하시 않으면 전혀 다른 뜻으로 메시지를 전달할 수 있습니다. dessert & desert. 디저트는 먹는 것이고, 데저트는 사막입니다. 엑센트를 어디에 두냐에 따라 전혀 다른 단어로 바뀝니다.

또 영어에는 연음이라는 것이 있습니다. 단어와 단어가 만났을 때 소리가 섞이면서 다른 소리로 들리는 것입니다. Did you go there yesterday?(디쥬 고 데어 예스터데이, 어제 거기에 갔었니?) 이 문장을 말할 때 '디드 유 고'라고 발음하지 않습니다. 영어에는 이러한 연음이 끝없이 이어집니다. 각 단어의 강세는 살려서 발음하고, 이어지는 단어에서는 연음을 해줘야 합니다. 굉장히 복합적인 과정을 한 번에 다 해야 합니다.

Shadowing Practice(새도잉 프랙티스, 들으면서 보지 않고 따라하기)를 하라고 늘 권하는데 새도잉이 어려우면 Echoing Practice(에코잉 프랙티스, 읽으면서 음원과 같은 속도로 따라하기)를 먼저 하길 권합니다. 음원을 틀어놓고 같은 속도로 원문을 동시에 읽어내는 것입니다. 내가 발음을 할 줄 알 때 그 단어와 문장이 귀에도 들립니다. 그래서 새도잉 프랙티스 전에 강세, 연음을 익히기 위해 에코잉 프랙티스를 하도록 권하는 것입니다.

읽기는 어떻게 할까요? 한국의 영어시험에서 가장 많은 비중을 차지하는 것이 읽기입니다. 또 아이가 더 커서 내신 대비나 모의고사 또는 텝스나 토익처럼 시험대비 학습 시에 주력으로 접근해야 하는 영역입니다. 읽기를 쉽게 느끼고, 좋아한다면 어떻게 해야 할까요? 주어와 동사만 구분할 수 있어도 읽는 것이 쉬워집니다.

Chunking(청킹, 덩어리로 묶기)이라고 해서 문장을 의미 덩어리로 끊어 한 눈에 보도록 해주세요. I / am / Tom.은 3개의 덩어리로 이뤄져 있습니다. I / live / in Seoul도 세 덩어리입니다. 처음에는 세 덩어리로 끊어지는 문장을 많이 보여주세요. 아이가 스스로 3개의 덩어리로 끊어서 볼 수 있을 때까지 연습합니다. 그후 문장의 성분을 잘 이해한다면 네 덩어리, 다섯 덩어리로 끊기는 문장을 많이 보여주세요.

말하기 영역은 어떨까요? 말하는 것을 즐기며 잘하는 아이들이 있습니다. 이런 아이들은 다른 아이들보다 더 빨리 일상회화능력을 키울 수 있습니다. 롤플레잉을 많이 하도록 권합니다. 엄마나 아빠가 상대방의 역할을 맡아 함께 말하기 연습을 해야 합니다. 물론 시간을 많이 들여야 하기 때문에 쉽지 않습니다. 하지만, 아이의 말하기 실력이 눈에 띄게 좋아진다면 이 정도의 시간 투자는 함께 해줘야 합니다.

쓰기를 쉽게 느끼고, 좋아한다면 어떻게 해야 할까요? 쓰기는 우선 연필이나 펜으로 글을 쓰는 것부터 좋아해야 합니다. 손의 힘이 약해서 글쓰기를 싫어하는 아이들이 생각보다 많습니다. 손의 소근육이 덜 발달되어 글쓰기를 하면 할수록 몸이 불편하기 때문입니다. 소근육을 강화하는 운동이나 훈련을 하거나 쓰는 것에 먼저 흥미를 붙이도록 지도해야 합니다. 이 부분은 3장의 〈하루 5분, 딱 1줄이면 된다〉에서 자세히 설명할 것입니다.

영어가 그렇습니다. 투자하는 인풋에 비해 아웃풋이 너무 미약합니다. 가시적인 효과를 보기에는 너무 오랜 시간이 걸립니다. 학습자들은 시간대비 눈에 띄게 좋아지지 않는다고 늘 볼멘소리를 합니다. 그래도 어쩌겠어요? 내가 필요한 역량이나 키우고 싶은 역량에 물을 주고, 예뻐해 주며 잘 키워야 합니다.

예를 들어 말하기를 꾸준히 하지만, 늘 본인이 아는 단어와 표현만 사골처럼 우려서 쓰고 있습니다. 왜 그럴까요? 1장의 〈독해력과 문해력은 학습의 기본이다〉에서 말한 영어 슬럼프에 빠졌기 때문입니다. 시간도 돈도 충분히 썼다고 생각하지만 실력은 늘 제자리인 것 같습니다. 영어는 왜 끝없는 시간과 투자를 해야 하는 괴물이 됐을까요? 영어 말하기가 더 이상 늘지 않는다고 느낄 때, 문법 학습을 아무리 반복해도 기억에 남지 않을 때, 이제는 글을 써야 하는 때입니다.

단기목표를 더 구체적으로 설정하기

영어가 왜 중요한지 이제 정확하게 알게 되었습니다. 그럼 다음 단계는 무엇일까요? 바로 목표를 설정하는 것입니다. 아이와 함께 1년 이내로 행동하고 달성할 더 구체적인 단기목표를 정해 보세요.

1. 1년 안에 가장 향상시키고 싶은 부분은?

	1년 안에 말하기실력 향상	

2. 한 달 안에 이루고 싶은 목표는?

	한 달 안에 단어 더 익히기	

3. 매일 내가 해야 하는 것은?

	매일 책 더 소리내어 읽기	

영어를 어려워하는 진짜 이유는?!

영어 공부를 안 하는 것도 아닌데 왜 점점 더 어려워질까요? 저는 '영포자', '영어울렁증' 같은 말을 싫어합니다. 이 둘은 영어는 어려운 것이라는 편견을 각인시켜주는 못된 단어입니다. 영포자는 왠지 '이번 생에서는 틀렸어'란 이미지를 줍니다. 영어울렁증이란 단어는 흡사 전문적인 심리학 용어처럼 공포스럽게 다가옵니다. 18년의 영어교육 경험을 바탕으로 볼 때 영어를 어려워하는 이유는 딱 2개로 줄일 수 있습니다.

첫째, 영어와의 거리가 너무 멉니다. 거리가 멀다니 무슨 뜻일까요? 영어를 자주 사용할 수 없는 환경 때문에 영어와의 거리가 멀다고 느낍니다. 한국의 영어교육 환경은 외국어로서의 영어를 사용하는 EFL의 특징을 갖고 있습니다. EFL 환경에서는 영어에 대한 자연스러운 노출이 적고, 사용에 제한을 받습니다. 한국 아이들은 필리핀이나 싱가포르 같은 동남아시아 국가의 아이들처럼 유창하게 영어를 사용하기 어렵습니다. 영어는 일방적으로 암기만 하고 끝낼 수 없습니다. 암기는 인풋일 뿐입니다. 아웃풋을 통해 내가 얼마나 알고 있는지 계속해서 확인해야 합니다. 그럼에도 인풋만 계속해서 하고 있습니다. 잘 끄집어내서 사용하는 게 영어실력인데 마음껏 꺼내 펼치지 못하고 있습니다.

배운 것을 연결하는 작업을 하지 않는 것도 큰 문제입니다. 우리는 영어를 잘 할 수 있는 Resourceful(리소스풀, 자원이 풍부한) 상태입니다. 영어 학습에 대해 아는 것도 많고, 영어를 어떻게 공부해야 하는지에 대한 학습능력도 갖춘 상태입니다. 다만, 자신이 알고 있는 것을 어떻게 연결해야 할지 잘 모릅니다. 연결을 하라니요? 이게 무슨 뜻인가요? 유치원이나 초등학교 입학 전 영어를 처음 접할 때 우리는 파닉스를 배웁니다. 영어를 배울 때 Alphabet(알파벳, 철자)을 안다고 해서 영어를 정확히 읽을 수 없습니다. 그 알파벳 하나하나가 어떤 소리를 내는지 먼저 익히고, 자음과 모음으로 이어진 단어를 소리를 조합하여 읽습니다.

소리를 읽을 수 있고, 발음을 할 수 있으면 내 귀에 들리기도 합니다. 읽을 수 있는 단어는 선생님이 불러주면 받아쓸 수도 있습니다. 그래서 다음번에는 그 단어를 보면 뜻이 동시에 떠오르면서 머릿속에서 그 단어를 발음하면서 동시에 무슨 뜻인지 인지하게 됩니다. 이것이 배운 것은 연결하고 이어내는 작업입니다. 분명, 배우기는 했으나 연결하는 작업을 충분히 하지 않았습니다. 또는 제대로 연결을 하지 않아 의식과 무의식의 어디에선가 둥둥 떠다니고 있기에 영어와 멀리 떨어져 있는 것입니다. 잘 기억하세요. 영어는 연결입니다. 배운 것을 잘 이어줘야 합니다. 이러한 이유로 영어는 가까이 하기엔 너무 멉니다.

둘째, 영어에게 무시를 당하고 있습니다. 우리가 영어를 두려워하며 고귀하게 바라보니 영어가 우리를 무시합니다. 영어?! 미국에서는 거지도 합니다. 거지를 무시하는 것이 아니라, 그만큼 영어를 일상어로서 편하게 만만하게 생각해야 합니다. 돈을 막 대하듯, 집을 모시고 살지 않듯, 영어는 우리가 정복해서 편하게 생활할 수 있도록 도구로 만들어 활용해야 합니다.

저는 영어 학습의 어려움을 다이어트에 비유하곤 합니다. 살이 찌면 운동을 해서 빼야 한다는 걸 알지만 운동을 시작하기가 너무 어렵습니다. 시작은 하지만 2~3일 하다가 몸살이 나면 다시 운동하기를 멈춥니다. 영어도 마찬가지입니다. 영어를 잘하는 사람을 보면 부러워만 합니다. 왠지 저 사람은 교육을 잘 받았을 것 같고, 머리도 좋을 것 같은 환상에 가득 차 있습니다.

예전에 한국 방송에서 사람들이 영어에 대해 어떤 생각을 갖고 있는지 심리실험을 한 적이 있었습니다. 평범하게 생긴 남자를 못나 보이게 꾸미고는 두 개의 그룹으로 나누어 인터뷰를 진행했습니다. 남성이 말을 하기 전에 여성들에게 남자의 첫 인상에 대해 아무 말이나 생각나는 대로 하도록 했습니다. 그러자 목소리와 말을 듣기 전 그룹은 이런 반응을 쏟아 냈습니다. '못생겼다' '촌스럽다' '시골에서 온 사람 같다' 등등 요즘 들으면 젠더폭력이라고 할 정도의 지나친 평가가 주를 이뤘습니다.

두 번째 그룹에게는 이 남성이 영어로 말하는 것을 보여준 후에 인상을 물었습니다.(사실 이 남자는 재미교포 2세였습니다.) 남성이 영어를 유창하게 쏟아내자 이런 평가가 이어졌습니다. '지적이다' '분위기 있다' '공부를 잘할 것 같다' '목소리가 너무 좋다' '잘생겼다' 등등입니다. 저는 이걸 보면서 한참 웃었습니다. 이 인터뷰 장면은 한국 사람이 영어에 대해 갖고 있는 편견을 단적으로 보여주는 좋은 예였습니다. 영어는 더 이상 특정계층의 권력도 아니고, 돈을 많이 들여야 가질 수 있는 스펙이 아님에도 영어에 대한 두려움과 환상이 아직도 남아 있다는 사실에 놀랐습니다.

우리가 영어를 모른다고 할 때 대표적으로 두 가지로 나뉩니다. 첫째, '저는 문법을 잘 몰라요'입니다. 문법을 모른다는 것은 영어를 어려워하고 못하는 학습자들이 늘 습관적으로 하는 변명입니다. 아마도 문법 설명은 들을 때마다 새로울 것입니다. 문법은 누가 가장 잘 할까요? 문법을 가르치는 강사들만이 완벽에 가깝게 알고 있습니다. 왜 문법 설명을 수십 번을 들었는데도 여전히 모를까요? 문법 설명을 귀로 듣기만 해서입니다. 듣기만 했기 때문에 듣고 돌아서면 당연히 까먹게 되는 것입니다. 수학의 정석에서 앞부분 집합만 공부하다 수학 공부를 접게 되는 익숙한 장면이 영어 학습에서도 비슷하게 나타납니다.

둘째, 속된 말로 '제 영어 발음이 구려요'입니다. 발음이 구리다는게 대체 뭘까요? 물론 발음은 정확해야 합니다. 목소리나 발성에 문제가 있으면 안 좋게 들릴 수도 있습니다만, 그건 냉정히 말해 현생에서 해결이 불가한 문제입니다. 목소리가 아름답게 들리지 않는 것은 다시 태어나야 해결이 됩니다. 하지만 영어 발음은 꼭 아름답게 들려야 할 필요가 없습니다. 아름다워야 하는 것이 아니라 정확해야 합니다. 정확한 곳에 Stress(스트레스, 강세)를 주고, 문장으로 이어질 때는 각 단어의 강세를 살리면서도 문장 전체의 Intonation(인토네이션, 억양)을 살리면서 올리고 내려야 합니다.

거듭 강조하고 싶습니다. 우리가 모르는 것은 없습니다. 시간과 돈을 썼고, 애를 썼음에도 아직도 영어를 못하는 것은 연결을 제대로 하지 않았기 때문입니다. 이 책을 통해 지금까지 인풋으로 잔뜩 저장해 놓은 나의 영어 학습 리소스를 연결해서 사용할 수 있습니다.

우리가 반드시 알아야 하는 문법을 쉽게 알려 드립니다

8품사의 개념

영어의 8품사는 공통된 성질에 따라

8가지로 분류해 놓은 것입니다.

 명사

모든 것의 이름

철수, 영희, 복실이, 책상, 우유, 삼겹살

 대명사

명사를 대신하는 말

그, 그녀, 그것, 그들

 동사

동작이나 상태를 나타내는 말

걷다, 뛰다, 먹다, 자다

 형용사

상태나 성질을 나타내는 말,

영어에서는 명사를 꾸며 주거나 설명한다.

예쁜, 잘생긴, 귀여운, 오래된, 상한. 맛있는

부사

문장을 더 풍부하게 만들어 주는 말.

동사, 형용사, 다른 부사 또는 문장 전체를 수식한다.

운 좋게도, 빨리, 매우 빨리

접속사

다리 역할. 단어와 단어, 문장과 문장을 이어주는 역할을 한다.

배 그리고 사과 / 나는 학교에 갔다 그리고 학원에 갔다.

전치사

명사나 대명사 앞에 위치하는 말이다.

위치, 시간, 장소를 나타낸다.

at school 학교에서 / in the bag 가방 안에

감탄사

감정을 나타내는 말.

Oops, Ouch!

엄마표 영어코칭 팁

단기목표를 더 구체적으로 설정하기

아이가 영어를 잘하길 바란다면 부모님이 영어 학습에 관심 갖는 모습을 먼저 보여주세요. 아래 질문지에 체크하며 부모 자신의 영어 상태를 먼저 체크해 보시길 권합니다.

엄마와 아빠를 위한 질문지

1. 가장 많이 사용하는 영역은 무엇인가? (2가지 이상 복합체크 가능)

(읽기)　(듣기)　(말하기)　(쓰기)

2. 나는 어떤 말하기 영역을 가장 많이 사용하는가?

(일상 회화)　(발표)　(회의)

3. 나는 어떤 읽기 영역을 가장 많이 사용하는가?

(문서 읽기)　(독해)　(독서)

4. 일상생활에서 영어를 사용하는 빈도는 얼마인가?

(10% 이하)　(10~20%)　(30~50%)　(50% 이상)　(80% 이상)

5. 나의 총 영어 학습 기간은?

(5년 이상)　(7년 이상)　(10년 이상)　(15년 이상)

6. 더 향상되었으면 하는 영역은 무엇인가?

(읽기)　(듣기)　(말하기)　(쓰기)

단어 암기와 문법의 벽을 부숴라

문법은 배워도, 배워도 잘 모르겠다고 하는 아이들이 많습니다. 그렇게 열심히 많은 시간을 들였는데 여전히 어려운 이유는 뭘까요? 비효율적인 것을 알면서도 문법에만 너무 많은 시간을 쏟았습니다. 아이들이 이해를 하지 않은 채 바로 외우기만 하는 것은 공부가 아니라 노동이 됩니다.

문법은 여러 번의 수업을 들어야 이해가 가능합니다. 물론 이해했다고 그것이 바로 암기로 이어지지는 않습니다. 암기를 돕는 여러 방법으로 학습을 이어가야 합니다. 문법은 왜 이렇게 어려울까요? 난이도가 있기 때문입니다. 초급·중급·고급 단계로 이루어져 있어서 배우는 데도 순서가 있습니다.

첫째, 가장 먼저 영어의 8품사를 구분해야 합니다. 쉬운 접속사와 전치사의 개념은 미리 정리하지만, 암기하기 어려운 접속사와 전치사는 다음 수업으로 넘겨야 합니다.

둘째, 기본 시제만 먼저 다뤄야 합니다. 현재 / 과거 / 미래를 나타내는 단순시제입니다. 현재완료나 진행형, 수동태는 중간단계에서 정리를 한다고 해도 고급단계에서 또 틀립니다.

셋째, 문법은 여러 번 덮어서 파이처럼 만들어야 합니다. 한 번의 수업에서 완전하게 이해하기 어렵기 때문에 아이가 온전히 이해할 때까지 여러 번 알려주어야 합니다.

문법의 순기능은 독해력 향상과 문제 풀이에서 빛을 발합니다. 내신이나 수능에서 정답률을 높이는 것이 문법의 역할입니다. 문법을 정복하려면 어떻게 해야 할까요? 문법은 설명만을 들었을 때는 절대로 머리에 남지 않습니다. 간단하게 한 문장이라도 스스로 영어 1줄 쓰기를 해보면 오래 기억할 수 있습니다. 그때야 문법이 내 것으로 변합니다. 예를 들어 be동사를 배운다고 생각해 보세요.

I am 10 years old now.
I was 9 years old last year.
I will be 11 years old next year.

현재, 과거, 미래의 시제를 적용하여 be동사의 형태를 쉽게 기억할 수 있습니다. 여기에서 아이는 be동사의 형태가 시간에 따라 달라짐을 발견하게 됩니다. 아이가 개념을 어려워할 것 같다고 모든 것을 잘라서 짧게 짧게만 주면 오래 기억도 못하지만, 절대로 활용하지 못합니다.

be동사를 하면서 인칭개념을 함께 접할 수 있습니다. 주어를 바꿔서 is를 쓸 수 있음을 보여 줍니다.

My dad is 35 years old now.

My dad was 34 years old last year.

My dad will be 36 years old next year.

아빠를 '그'라는 대명사로 바꾸는 것을 알려 줄 수도 있습니다.

He is 35 years old now.

He was 35 years old last year.

He will be 36 years old next year.

여기에서 민첩한 아이는 공통점을 발견하게 됩니다. will 다음에 be가 나오는 것입니다. am / are / is의 원형이 be이기 때문에 be동사라고 부르는 것도 알게 됩니다.

현재 초등학생들의 엄마, 아빠는 어릴 때 영어의 개념을 이해하고,

암기한 것이 아니라 그러한 과정 없이 처음부터 외웠습니다. 그랬기 때문에 암기가 오래 가지 못했고, 머리에 전혀 남지 않는 것입니다. 우리 아이들이 다시 그런 상황을 맞으면 안 됩니다. 방금 위의 설명처럼 문법을 이해한 후에 암기하도록 지도해 주세요. 아이들은 글로벌 리더로 성장해 한국어보다 영어를 더 많이 사용하게 될 것입니다. 영어를 한국어처럼 쓸 날이 반드시 옵니다.

씽킹 스페이스제공하기

> Thinking Space(씽킹 스페이스, 생각할 시간과 공간)는 아이가 스스로
> 생각할 수 있는 환경과 여유를 주는 것입니다.

우리는 대부분 공부를 할 때 질문에 답하는 방식을 지향합니다. 획일적인 주입식 교육에 익숙하기 때문입니다. 리더스북을 읽거나, 독후감을 쓸 때도 아이가 스스로 질문을 쓰도록 지도하면 낯설어 합니다. 또 많이 어려워합니다. 질문은 창의력을 증진시키고, 상상력을 넓힙니다. 질문은 답을 찾아냅니다. 생각의 힘을 키우는 질문하기를 영어 학습에도 적용해 보면 영어가 한결 쉬워집니다. 그러니 항상 질문을 잘 활용해 보세요. 언제 사용하면 좋을까요? 예를 들어 글을 쓰다 막히는 경우가 있습니다. 그럴 때는 그냥 질문을 적고, 그에 해당하는 답을 찾아내도록 글을 이어갑니다. 정확한 답을 주려고 하지 말고, 의식의 흐름대로 질문을 이어갑니다. 질문과 함께 아이에게 스스로 생각 할 수 있는 스페이스를 제공하면 엄마나 아빠가 늘 답을 알려주지 않아도 됩니다.

이 과정을 반복하면 생각하는 힘이 더 단단해지는 것을 눈으로 확인할 수 있습니다. 특히 새로운 것을 배우거나 어떤 것이 궁금해질 때 아이의 생각주머니가 한 없이 커지는 것을 보게 됩니다. 얼마나 경이로운지요! 생각이 깊어지고, 다양해지고, 단단해지면 어떤 학습도 쉽게 시작하고, 즐겁게 이어갈 수 있습니다.

아이 스스로 생각할 수 있는 공간을 제공하는 것이 사랑과 인내심의 표상입니다. 엄마나 아빠는 이미 답을 알고 있는 경우가 많습니다. 아이가 찾아가는 길이 답답해서 시간을 아끼려고 답을 알려 주는 경우가 있는데, 아이의 창의력과 사고력 발달을 저해하는 행위입니다. 그러니 조금만 더 기다려 주시고, 인내해주세요. 대체적으로 뇌 과학자들은 전두엽이 완성되는 시기를 만 25세로 규정합니다. 나와 지성적이고 이성적인 교감을 하려면 시간이 더 필요합니다. 그러니 많이 큰 것 같아도 여전히 어른의 기준과는 다르게 생각하고 행동할 수 있습니다. 부모님이 더 넓은 마음과 깊은 이해심으로 한 번 더 기다려 주세요.

Thinking Space를 제공하는 5단계 질문을 활용해 보세요.

1. 아이의 질문에 바로 답을 주지 않는다.

2. 'OOO는 어떻게 생각하는데?'라고 질문으로 답한다.

3. '그리고?'라고 생각의 꼬리를 물도록 자극을 준다.

4. '또?'라고 새로운 생각을 한 번 더 하도록 되묻는다.

5. '그럼 OOO는 어떤 것 같은데?'라고 아이 스스로 생각한 것을 정리하도록 돕는다.

마지막에는 스스로 생각을 하고 답을 찾아낸 아이를 대견하다고 칭찬해 주세요.

그럼에도 한국은 영어천국

시간이 부족할 때, 우리는 김밥을 먹습니다. 다양한 종류의 김밥을 한 곳에서 편하게 먹을 수 있는 곳이 어디일까요? 바로 '김밥헤븐'입니다. 골라먹는 재미가 있으면서도 빠르고 손쉽게 식사를 할 수 있는 곳이기도 합니다. 그렇다면 영어를 가장 잘 배울 수 있는 영어천국은 어디일까요? 미국도 영국도 호주도 아닌 한국입니다. 한국이 영어를 학습하기에 가장 좋은 영어천국입니다. 왜냐하면 한국은 비영미 문화권임에도 영어 학습을 하기에 가장 최적화된 교육 시스템과 풍부한 인력풀을 갖고 있는 국가이기 때문입니다.

한국은 전 국민의 70% 이상이 대학교에 진학할 정도로 교육열이 높은 곳입니다. 미국의 대학 진학률이 40% 안팎인 것을 생각하면 더 비교가 됩니다. 그러한 높은 교육열로 인해 다양한 교육방법을 개발하는 데 더 많은 시간과 자원을 투자할 수 있었습니다. 다양한 학습교재와 함께 여러 레벨과 장르에 맞춰 가르쳐 줄 수 있는 학원이나 교육기관이 잘 갖춰져 있습니다. 당장 인터넷 서점에 영어 관련 키워드만 넣어도 알 수 있습니다. 매일 매일 셀 수 없이 쏟아지는 영어 학습법 관련 도서나 영문법이나 영어회화 문장을 보기 좋게 정리해 놓은 전문서적들이 있습니다.

이제 홈쇼핑에서는 고등어나 김치만 사는 것이 아니라, 패턴으로 쉽게 접할 수 있는 영어 학습권도 저렴한 가격에 구매할 수 있습니다. 열심히 공부하면 내가 낸 학원비를 환급해 주는 학원 강의도 많습니다. 그렇게 비싼 돈이 아니어도, 약간의 비용만 들인다면 영미 문화권으로 어학연수나 유학을 가지 않고도 영어 학습이 가능한 곳이 한국입니다. 탄탄한 영어 학습관련 이론서, 양질의 음원과 학습 toolset(툴셋, 도구모음)이 갖춰져 있습니다. 편리하게 접속 가능한 온라인 비대면 수업 장치들도 많습니다. 한국에서는 교재든 교육 서비스든 선택의 폭이 넓고, 다양합니다.

뿐만 아니라 한국에는 양질의 교육을 받은 영어 강사들이 많습니다. 강사 인력풀이 정말 잘 갖춰져 있다고 생각합니다. 방문 영어를 예로 들어 보겠습니다. 인터넷 서핑만 해도 수백 개의 방문 영어와 전화영어, 인터넷 영어강의를 찾을 수 있습니다. 이름만 들어도 무릎을 탁 치게 되는 프랜차이즈 방문영어인 Y선생 영어를 생각해 보세요. Y선생 영어는 한국 최초의 영어 사교육이며, 전화로 하는 학습관리는 당시에는 시대를 한참 앞서서 원격수업의 형태를 표방한 것입니다.

영어는 언어이니까 조기에 양질의 교육을 해야 한다는 인식이 긍정적으로 작용했다고 생각합니다. Y선생 영어가 처음 도입된 시점에 공부를 시작한 세대가 이제 40대 초반이 되었습니다. 그만큼 오랜 시간이 흘렀습니다. 영어 교육에 많은 비용과 시간을 아낌없이 쓰는 높은 부모님들의 교육열 덕분에 양질의 강사가 더 많이 존재할 수 있다고 생각합니다.

학부모 상담을 하다 보면 이런 하소연을 하시는 분들이 있습니다. 외국 유학이나 어학연수를 가지 못해서 영어를 잘못한다는 것입니다. 이것은 정당한 이유가 될 수 없습니다. 그 흔한 어학연수를 받지 않고, 국내에서만 영어를 공부한 다양한 토종파 영어학습자들을 보세요. 물론 비용은 유학이나 어학연수보다 더 들였을 수도 있지만, 한국에서만 공부를 했어도 잘하는 분들이 너무나 많습니다. 저 역시 순수 국내파 영어학습자입니다. 한국에서만 영어를 공부했음에도 해외 어학연수 이상의 효과를 톡톡히 얻었습니다. 물론 뼈를 깎는 고통스러운 시간과 그에 준하는 교육비를 사용했습니다. 제가 이를 통해 깨달은 것은 내가 들인 돈과 시간은 나를 배신하지 않는다는 것입니다.

제가 영어학습 전문 코치로서 18년 넘게 한 일은 영어가 외국어인 사람들에게 영어를 학문적으로 쉽게 접근하도록 돕는 것입니다. 영어회화 수업에서 한국말을 한마디도 하지 않고 있으면, '외국에서 오래 사셨죠?' '한국분 맞으세요?'란 질문이 뒤따릅니다. 토익, 토익스피킹, 오픽 등 각종 시험대비 수업을 할 때 시험에 필요한 부분만 콕 집어 알려드리면 '어떻게 해야 코치님처럼 영어를 잘할 수 있나요?' 같은 질문을 듣습니다. 잘한다니 기쁘면서도 한편으로는 이런 생각이 스칩니다. '밥 먹고 숨 쉬듯이 하는 일이 영어 가르치는 일인데, 그게 칭찬받을 일인가? 뭔가를 알려주려면 당연히 더 잘 알고 있어야 하는 게 아닐까?'하는 마음입니다. 아무튼 비법이 뭐냐는 질문을 받으면 하고 싶은 말이 너무 많아 가슴이 방망이질을 멈추지 않습니다.

저는 열네 살에 처음 영어를 만났습니다. 영어가 너무 신기했고, 그냥 마냥 좋았습니다. 영어 교과서에 있는 "Hello, Minho?" 같은 짧은 한두 마디 문장을 제 입으로 말해보는 것이 매일의 즐거움이었습니다. 중학교 3년, 고등학교 3년, 대학교 4년 내내 늘 좋은 영어 선생님을 만났던 것 같습니다. 선생님께서 50번을 읽으라고 하면 50번을 읽었고, 100번을 쓰라고 하면 100번을 썼습니다. 선생님에 대한 신뢰를 갖고 가르쳐주신 대로 다 따랐습니다. 물론 공부를 쉬는 날도 있었겠지요. 하지만 수학시간에도 영어책을 펴고 공부를 할 정도로 늘 영어를 사랑했습니다.

지금도 영어가 너무 좋아 저는 잘 때 꿈도 영어로 꿉니다. 강의를 시작한 후부터는 조금이라도 더 잘 가르치기 위해 더 많이 준비했습니다. 수업양이 유독 많은 토익 강의를 처음으로 준비할 때는 1시간 수업을 위해 두세 곱절의 시간을 썼던 기억도 있습니다. 유아부터 성인에 이르기까지 그리고 비즈니스 회화부터 문서 작성까지 수많은 학습자와 함께 다양한 수업을 했습니다. 그 모든 강의 준비시간이 고스란히 저의 영어능력이 된 것 같습니다. 이것이 제 영어학습 비법이라고 말하고 싶습니다.

영어는 4차 산업혁명 시대에도 여전히 모든 이의 관심사이며, 잘하고 싶은 과목이자 언어입니다. 미래 교육의 목적은 창의 · 융합형 인재를 길러내는 것입니다. 기존의 교육방식으로는 미래형 인재를 길러내기가 어렵다는 것을 알고 교육계에서 코칭을 도입하여 학습에 적용한 것이 바로 학습 코칭입니다. 학습을 시작하고자 하는 이유와 의지, 학습자의 욕구 그리고 학습을 지속할 수 있는 힘의 근원인 학습동기를 부여하여 점점 더 복잡하고 빠르게 변화하는 사회에서 꼭 필요한 지식과 기술을 스스로 획득할 수 있도록 돕는 것이 학습코치의 의무입니다.

영어는 스스로 꾸준히 학습을 이어가야 하는 과목이자 언어입니다. 즉 자기주도성이 가장 필요한 학습입니다. 학습코칭이 이러한 자기주도성을 기르도록 도움을 줍니다. 코칭을 통해 영어 학습을 지속해서 이어가는 것이 실패를 맛보지 않고, 영어를 정복하는 시크릿이라고 강조하고 싶습니다. 저는 대학생의 영어 학습동기 향상을 위한 영어 학습코칭 프로그램의 개발과 효과에 관한 논문을 썼고, 하루 1

줄 영어 글쓰기에 이 학습코칭을 적용하였습니다. 영어를 언제 시작해야 할지 몰라서 갈팡질팡 한다면, 오늘 당장 시작하세요.

Today is the youngest you'll ever be, start appreciating it.
오늘이 내 인생에서 가장 젊은 날입니다.

그래서 오늘이 영어 학습을 시작하기에 가장 좋은 날이고, 가장 빠른 날입니다.

만다라트 플래너 적기

> 지금 해야 하는 일과 지금 할 수 있는 일 그리고 여기에서 해야 하는 일과 여기에서 할 수 있는 일을 구분할 수 있다면 모든 학습이 쉬워집니다. 그래서 Mandal-Art Planner(만다라트 플래너, 연꽃 만개법)를 적도록 권합니다.

하고 싶은 일과 해야 할 일을 적을 수 있습니다. 한 눈에 모든 것이 보이기 때문에 동기부여가 되고 실행능력을 올려 줍니다. 만다라트는 제일 가운데 핵심적으로 달성하고 싶은 목표를 적습니다. 그 주변에 목표 달성을 수월하게 하는 키워드로 채웁니다. 즉, 8개의 키워드가 중심의 목표를 달성하도록 돕습니다. 구체적일수록 더 좋습니다. 횟수와 시간까지 적으면 더 좋습니다. 무리한 것보다 실행하기 쉬운 것으로 채워 넣어야 합니다.

엄마 아빠의 만다라트 플래너 예시

저녁 안 먹기	식후에 20분간 걷기	군것질 끊기
2회 이상 규칙적인 운동하기	다이어트	영양제 챙겨먹기
물 2리터 이상 마시기	냉장고 문 자주 열지 않기	몸무게 체크하기

밤9시 엄마와 영어 글쓰기

엄마 아빠의 만다라트 플래너

키워드 1	키워드 4	키워드 6
키워드 2	이루고 싶은 핵심 목표	키워드 7
키워드 3	키워드 5	키워드 8

아이의 만다라트 플래너 예시

리더스북 매일 1권 읽기	영어학원 숙제 매일 하기	리더스북 녹음하기
리더스북 필사하기	영어 리딩 지수 올리기	유튜브 영상 1개 보기
리더스북 3번 통독하기	엄마와 회화 연습하기	새 단어 5개씩 익히기

아이의 만다라트 플래너

키워드 1	키워드 4	키워드 6
키워드 2	이루고 싶은 핵심 목표	키워드 7
키워드 3	키워드 5	키워드 8

2장 영어를 한국어처럼 사용하는 때가 온다

흔들리지 않는 영어 습관을 만들어라

~~~~~~~~~~~~

흔들리지 않는 편안함으로 유명한 침대가 있습니다. 우리 아이들의 영어도 흔들리지 않아서 편안함을 느끼면 좋겠습니다. 영어는 습관이자 일상이 되어야 잘할 수 있습니다. 지속적이고 꾸준하게 영어 학습을 해야 잘하게 된다는 것을 영어를 방금 시작한 아이도 영어를 3년 이상 꾸준히 학습한 아이도 잘 알고 있습니다. 혹시 영어를 생각만 해도 머리가 어지럽나요? 아니면 영어란 말만 들어도 몸이 간지러운 듯 온몸과 마음으로 영어를 거부하고 있나요?

저는 지난 18년간 초·중·고등학생과 함께 영어 학습을 이어 왔습니다. 영어만 생각하면 머리가 아픈 친구, 시험을 시작하면 온 몸이 가려운 친구, 계속 코를 콩콩거리는 친구, 심하면 틱 장애를 진단받을 수도 있는 다양한 이상 행동을 보이는 학생들을 만났습니다. 다행히 그 누구도 심리학적으로나 정신적으로 진단명을 받은 경우는 없었습니다. 다만 위험요소는 여전히 존재합니다. 영어 학습을 잘못 시작하면 후천적인 난독증과 학습부진으로 이어질 수도 있습니다.

영어는 습관이자 일상으로 단단히 뿌리를 내려야 하는데 어떤 습관을 길러야 할까요? 오늘부터 바로 적용할 수 있는 세 가지를 설명하고자 합니다. 알고 듣기, 바르게 읽기, 자신 있게 말하기 습관입니다.

첫째, 알고 듣기 습관입니다. 많이 들어야 귀도 트이고 입도 트입니다. 그래서 듣기를 많이 해야 한다는 것을 알고 있습니다. 영어로 된 음원을 집중해서 듣는, 일명 '집중듣기'는 어떤가요? 절대 쉽지 않습니다. 모르는 것은 들리지 않기 때문에 의미를 모르고, 단어를 모르면서 수십 번 반복해서 듣는 것은 고막만 상하게 할 뿐입니다. 그냥 틀어놓고 듣는 '흘려듣기'는 어떤가요? 마찬가지입니다. 내용을 안다 해도 내가 인식하지 않으면 잘 들리지 않습니다. 흘려듣기를 하고 싶으면 영어동요나 팝송이 가장 좋습니다. 노래는 음과 함께 그 가사를 천천히 음미하는 게 가능합니다. 그러나 다닥다닥 많은 문장이 줄지어 들리는 것은 소음과 다를 바가 없습니다.

그래서 가장 중요한 부분을 알려 드립니다. 집중듣기나 흘려듣기를 하고 싶다면, Text(텍스트, 글자)와 Script(스크립트, 지문)를 먼저 읽으세요. 완벽하게 이해하지 못했다고 해도, 눈으로만 내용을 훑

어봐도 좋습니다. 듣기에 대한 이해도가 상승할 것입니다. 예를 들어 '오빠~ 만세~'라는 후렴구가 개그 소재로 쓰인 유명한 팝송이 있습니다. 가사를 읽어 보지 않는다면 죽을 때까지 '오빠 만세'라고만 알 수 있습니다. 이 가사는 'All by myself'입니다. '난 혼자야'라고 절규하는 노래죠. '오빠 만세'라고 웃으며 부르는 노래가 전혀 아니랍니다. 우리가 모르는 내용은 절대로 들리지 않습니다. 아는 만큼 보이고, 아는 만큼 들립니다.

둘째, 바르게 읽기 습관입니다. 바르게 읽는 것은 무엇인가요? 내용을 이해하고, 생각하면서 읽는 것입니다. 글을 읽으며 감정이입도 하고, 상상도 해보는 것입니다. 더 빨리 더 많이 읽어 치우려고 읽는 것이 아닙니다. 많은 부모님들이 비효율적인 다독과 AR지수에 집착하는 것 같습니다. AR지수로 내 아이와 남의 아이를 비교하지 마세요. 정말 바보 같은 행동입니다. AR지수는 책을 선정하기 위한 지표입니다. '이번에는 이 책이 아이에게 읽기 쉽겠다', '아이가 재미있어 하겠다'를 보셔야 합니다.

읽기는 정말 중요합니다. 많은 연구에서 다독을 영어학습의 궁극적인 방법이라고 강조했습니다. 많이 읽기 위해 의미를 모른 채 빠르게 읽기만 하는 것은 후천적인 난독증을 만들어 낼 수도 있습니다. 특히 성격이 급한 아이들이 있습니다. 경쟁심이 많고, 남보다 빨리 뭔가를 이뤄 내고 싶어 하는 친구들은 글도 빨리 읽습니다. 그러다 보니 정확도가 떨어질 수 있습니다. 그런 방식으로 글을 읽는 습관을 들이면 위험합니다. 뇌가 그 방식으로 굳어지면 정상적으로 돌이키는 데 많은 시간이 걸립니다. 한 곳으로 길이 나면 원래대로 안 돌아올 수 있습니다. 자칫 우리아이가 난독증을 가져 언어 미아가 될 수 있습니다.

셋째, 자신 있게 말하기 습관입니다. 영어 말하기를 할 때 창피해 하지 마세요. 문법이 틀리거나 발음이 별로여도 자신 있게 말해야 합니다. 틀린 문법과 발음을 고쳐주는 것은 지도 교사의 몫입니다. 아이를 상냥하게 정성껏 지도해 줄 수 있는 선생님을 잘 만나기만 하면 됩니다. 대다수의 어른이나 아이나 영어회화 능력이 가장 부족하다고 생각합니다. 영어 말하기를 정말 잘 하고 싶어 합니다. 여행을 가서 영어로 편하게 말하고 싶은데 안돼서 속이 터진다고 합니다.

다른 이의 시선을 많이 의식하며, 극도로 차분하며 완벽을 추구하는 성향은 사실 영어 말하기에 있어서는 독입니다. 어려서부터 남의 눈치를 보면서 자신 없게 말을 시작했다면 더 그렇습니다. 영어는 더 적극적으로 표현해야 하고, 더 굴리면서 말해야 합니다. 창피함은 순간입니다. 제대로 배우고 여러 번 연습해서 내 것으로 만들면 됩니다. 자신 있게 말하기 습관으로 제대로 된 영어회화 능력을 얻어 보세요.

어려우면 재미를 찾기 힘듭니다. 쉽고 재밌으면 누가 시키지 않아도 스스로 합니다. '재미'를 단순히 수업 시간을 놀면서 게임처럼 즐기는 것으로 이해해서는 안 됩니다. 그래서 놀이처럼 영어를 배우다가 많이 안 는다고 금세 포기하는 부모님들이 생기는 것입니다. 왜 영어를 습관으로 만드는 게 힘들까요? 습관으로 만들기까지 시간이 많이 걸리기 때문입니다. 지속적이고 꾸준하게 영어 학습을 하기 위해서 작은 시간으로 시작합니다. 꾸준함은 인내심이고, 지구력입니다.

저는 Quantum Leap(퀀텀리프, 비약 발전) 또는 Quantum Jump(퀀텀 점프, 양자 비약)라는 말을 좋아합니다. 모소 대나무는 자라고 있으나 전혀 티가 나질 않습니다. 그러다가 4년에 한번 쑥쑥 자라서 사람들을 놀라게 합니다. 또, 콩나물시루에 물을 주면 물은 빠져나가도 콩나물은 쑥쑥 자라듯이, 우리 아이들의 영어가 그랬으면 좋겠습니다.

지금은 표도 안 나고, 잘 하고 있는 건가 끊임없이 의심할 수 있습니다. 하지만 눈에 보이지 않아도 자라고 있음을 믿고 기다려 줘야 합니다. 현재의 상황에서 다른 아이와 비교하면서 상처를 주지 마세요. 학습은 남의 속에 있는 글을 내 것으로 가져와 배우는 과정입니다. 얼마나 어렵겠습니까? 그 어려운 것을 나보다 우리 아이들은 더 어린 나이에 시작해서 오랜 시간 이어가고 있습니다. 지금 옆에서 더듬거리며 발음도 틀리고 철자도 틀리는 아이를 꼭 안아주세요. 널 많이 사랑한다고, 네가 정말 소중하다고 말해 주세요.

제가 늘 강조하는 것이 하나 더 있습니다. 아이를 지도하면서 욱하는 마음이 들거나 더 나아가 참기 어려운 분노를 느낀다면, 그 순간이 바로 엄마표 학습을 멈춰야 하는 때입니다. 마지노선을 넘겨 엄마표 학습을 이어간다면 이것은 단지 돈을 아끼려는 이유이거나 세상의 모든 교사, 강사를 믿지 못해서 하는 행동이라고 생각합니다. 어떤 이유에서든지 평생 갖고 가야 하는 아이와의 관계를 망치치 마세요. 유년기의 상처는 평생의 트라우마로 기억에 남습니다. 엄마와 아빠가 먼저 제대로 알고 있어야 합니다. 그 후에 아이에게 바른 영어습관을 길러주는 것이 가장 중요합니다.

손가락 힘 기르기

그렇게 좋다는 영어 글쓰기를 하려면 무엇부터 시작해야 할까요? 바로 쓰는 행위 자체를 쉽게 느끼고, 좋아해야 합니다. 어떻게 할까요? 우선 연필이나 펜으로 무언가는 끼적이는 것을 즐겨야 합니다. 앞서 말했듯이 손의 힘이 약해서 글쓰기를 싫어하는 아이들이 생각보다 많습니다. 손의 소근육이 덜 발달되어 쓰는 것이 불편하게 느껴지기 때문입니다. 소근육 강화훈련을 하거나 쓰는 것에 먼저 흥미를 붙이도록 지도해야 합니다. 아이가 좋아하는 활동이나 운동에서 소근육을 발달시킬 만한 것을 잘 찾아보세요. 젓가락질이나 젠가(Jenga)게임도 좋은 방법이 될 수도 있습니다. 놀이처럼 반복적으로 할 수 있는 활동을 통해 손과 손가락의 힘을 기르는 것입니다. 기본적으로 글씨쓰기를 좋아해야 문장을 쓸 수 있습니다. 여러 문장이 모여 긴 글을 만들게 되는데, 힘이 든다면 그 여정을 즐겁게 하기가 어렵습니다.

write

3장

오늘부터 시작하는 영어 1줄 쓰기

유창한 영어 글쓰기를 위한 준비운동

무언가를 본격적으로 시작할 때 워밍업, 준비운동은 필수입니다. 하루 1줄 영어 글쓰기를 본격적으로 시작하는 것에도 물론 워밍업이 필요합니다. 글을 쓴다는 것은 내 안의 있는 모든 것을 끄집어내는 과정입니다. 다양한 생각과 지식 그리고 기억과 느낌을 꺼내어 나와 남이 볼 수 있게 글로 옮겨 놓아야 합니다. 우리 아이들에게 영어 글쓰기는 무엇일까요? 바로 영어로 된 지식과 기억을 활용하는 과정입니다. 하루 1줄 영어 글쓰기를 어떻게 시작하고 이어가야 하는지는 앞장에서 살폈습니다. 아이들이 반드시 해야 하는 준비운동으로 저는 늘 두 가지를 강조합니다. 바로 한국어 실력 기르기와 다양한 어휘 수집입니다.

첫째, 한국어 실력 기르기는 무엇일까요? 한국인에게 영어는 외국어이기 때문에 한국어에 대한 탄탄한 바탕이 없다면 영어 학습이 잘 될 수 없습니다. 흥미롭지만 무서운 사실을 하나 나눠 보겠습니다. 한국에 10년 넘게 거주하며 살고 있는 외국인이 있었습니다. 10년 이상 한국에 거주했으니, 어느 정도 한국어를 구사할 거라 예상했습니다. 예상했다는 것은 실제로는 그렇지 않았다는 것을 뜻하겠지요. 10년간 매일 가족과 일상회화 정도는 한국어로 나눴겠다고 생각했지만, 그는 한국어를 전혀 읽거나 쓰거나 말하지 못했습니다.

왜 그럴까요? 그 자신의 모국어를 읽고 쓰지 못하는 문맹이었기 때문입니다. 여기에서 가장 중요한 사실은 모국어에 대한 이해와 습득이 영어 학습의 기초이며 가장 중요하다는 것입니다. 모국어를 읽고, 쓰거나 이해하지 못한다면 영어에 대한 이해도도 떨어집니다. 영어 유치원에서 한글이 유창하지 않는 유아들의 영어실력이 눈에 띄게 좋아지지 않는 이유가 이와 같습니다. 제가 영어 유치원에서 모든 과목을 영어 Immersion(이멀전, 몰입) 교육으로 진행했을 때의 경험을 힘께 나누려고 합니다. Pictionary(픽셔너리, 그림영어사전)로 mane(매인, 갈기)이라는 단어를 쉽게 설명했지만, 5세 유아는 알아듣지 못했습니다. 한국어로 말이나 사자의 갈기가 무엇인지 모르기 때문입니다.

즉, 영어만 열심히 해서는 안 됩니다. 영어학습 전에 모국어, 즉 한국어로 다양한 어휘를 알고 있어야 합니다. 영어학습을 시작한 후에도 한국어로 된 책은 꾸준히 읽어야 합니다. 그리고 한자어나 사자 성어 등 고난이도 어휘를 많이 수집해서 알고 있어야 합니다. 이를 위해서 나의 어휘 저장소를 넓혀야 합니다. 즉, 한국어 어휘 학습이 먼저이고, 한국어 책을 많이 읽고, 잘 이해하는 것이 최고로 중요합니다.

둘째, 다양한 어휘 수집은 무엇일까요? 모두가 잘 알고 계시듯이, 필수 어휘를 선별적으로 암기하는 것입니다. 단시간에 영어실력을 올리는 지름길입니다. 물론 이 필수 어휘를 분류하는 기준에는 다소 차이가 있습니다. 미국 초등학교 1학년의 필수 어휘와 한국 초등학교 1학년의 필수어휘는 다릅니다. 그래서 무턱대고 미국교과서 어휘 책을 고르게 되면 생소한 단어들이 많이 나와서 쉽게 포기하게 됩니다. 한국식 영어 교육을 받는 아이들에게는 오히려 한국 초등학생을 겨냥하여 출판한 단어 책을 고르는 것이 낫습니다. 학습 방법에도 차이가 있습니다. 목차 순서대로 보여주고 암기를 하는 것이 아니라 아이가 관심을 두고 먼저 보고 싶은 부분을 시작하는 것이 좋습니다. 예를 들어 이렇습니다.

하나, 아이가 감정을 표현하는 데 능숙한 편이라면 기분을 나타내는 말 – 생각 – 의사소통 – 감각을 표현하는 단어를 이어서 살펴보면 좋습니다.

둘, 아이가 계절에 관심이 많다면 계절과 날씨 – 월(달) – 옷을 이어서 단어를 살펴보는 것이 좋습니다.

셋, 아이가 과학에 관심이 많다면, 계절-곤충 / 동물-지역 / 지형-자연환경에 대한 단어를 함께 살펴보면 좋습니다.

어휘암기라는 말에 거부감을 느낄 필요가 없습니다. 한국인에게 영어는 외국어이기 때문에 어느 정도의 암기는 필수입니다. 늘 재미와 Activities(액티비티즈, 활동)만으로 영어를 익힐 수 없기 때문입니다. 이미 많은 시행착오를 통해 이 부분은 크게 공감할 거라 생각합니다. 나만의 암기체계를 갖기 전에는 여러 가지 다양한 방법을 사용할 수 있습니다. 하지만 어느 정도의 어휘가 쌓이면 외우지 않아도 자연스레 다양하고 새로운 어휘를 흡수할 수 있습니다.

제가 효과적인 단어 암기방법으로 제안하는 것은 어휘 브레인스토밍입니다.(4장에서 더 자세히 볼 수 있습니다.)

원래 Brainstorming(브레인스토밍, 창조적 집단사고)은 아이디어를 추출해 내는 방법입니다. 기업에서 회의를 할 때 많이 사용합니다. 이미 모든 것을 다 알고 있다는 전제하에 주제에 맞는 다양한 아이디어를 모으는 과정이기도 합니다. 집중력을 많이 쓰기 때문에 칼로리 소모도 많이 일어납니다. 그래서 브레인스토밍 후에 엄청난 피로가 몰려옵니다. 어휘 브레인스토밍을 하고 난 후에는 아이에게 간식을 꼭 챙겨 주세요. 뇌가 집중할 때 쓰는 힘은 강력하기도 하지만 우리 몸이 쉬이 피곤해지기도 합니다.

구글에서 원하는 정보를 검색할 때도 이를 잘 활용할 수 있습니다. 검색창에 원하는 단어를 넣고, 그 앞에 brainstorm만 붙이면 됩니다. 겨울에 관한 어휘를 찾고 싶다면, 'brainstorm winter words'라고 치면 됩니다. 텍스트와 이미지로 다양하게 브레인스토밍을 한 자료를 찾을 수 있습니다. 많은 단어가 나와 순간 현기증을 느낄 수도 있을 것입니다. 뭐부터 해야 하지? 이걸 언제하지? 이런 마음이 동시에 들 것입니다.

　욕심 내지 마시고, 아이가 할 수 있는 양을 주세요. 우리 아이는 하루에 3개가 적당하다면 3개만 하면 됩니다. 5개가 적당하면 5개를 하면 됩니다. 이 단어 브레인스토밍은 영어 1줄 쓰기의 Core(코어, 중심)입니다. 마라톤을 계속 이어가기 위한 기초체력을 단련하는 과정입니다. 여기에서 아이가 싫증을 내거나 Knock-down(넉다운, 쓰러짐)이 되면 안 됩니다. 아이들이 어휘 브레인스토밍으로 다양한 어휘를 알고 있어야 다양한 하루 1줄 영어 글쓰기를 이어 갈 수 있습니다.

하루 5분, 딱 1줄이면 된다

하루에 단 5분이면 됩니다. 매일 단 1줄만 쓰면 됩니다. 요즘 우리 아이들은 너무 바쁩니다. 메뚜기처럼 여러 학원을 옮겨 다닙니다. 편의점의 삼각 김밥으로 한 끼를 때울 때도 있습니다. 모든 초등학생이 그렇지는 않지만 대다수의 초등학생들이 샐러리맨처럼 바쁘게 하루를 보냅니다. 그래서 학년이 올라 갈수록 다양한 과목을 공부할 수 없습니다. 국영수가 필수적으로 가장 잘 해야 하는 과목이 됩니다.

글을 쓴다는 것이 사치스럽게 느껴질 수 있습니다. 아이들은 이러한 악조건에서 영어 글쓰기를 시작해야 합니다. 모두가 점수를 위한 공부에 매진할 때 시간을 쪼개서 글쓰기를 시작하는 것은 쉽지 않을 수도 있습니다. 저는 이것을 인류가 달에 첫 발을 내딛는 것에 비유합니다.

영어 글쓰기는 더 많은 것을 얻기 위해 위험을 무릅쓰고 시작하는 달 탐사와도 같습니다. 너무 좋다는 영어 글쓰기를 시작해야 하지만, 두려움이 앞설 수도 있습니다. 그러니 정말 조심스레 접근해야 합니다. 무엇보다도 아이가 부담을 느끼지 않아야 합니다. 아이가 쉽게 써야 계속 쓸 수 있습니다. 하루 5분, 시간을 짧게 잡은 것은 아이들에게 부담을 주지 않기 위해서입니다.

가장 쉽게 쓰는 방법을 알려 드립니다. 아이가 그날 배운 단어나 문장으로 글을 쓰는 것입니다. 만약 그 날 am / are / is 같은 be 동사를 배웠다면 be동사가 들어간 문장 1줄을 쓰도록 해주세요. I am Soomin / I am a student / I am cute 이런 문장도 좋습니다. 하루 1줄 영어 글쓰기의 성공여부는 부모님께 달려 있습니다. 그래서 부모님이 꼭 해주셔야 하는 두 가지를 덧붙입니다. 바로 하루 1줄 영어 글쓰기에 대한 Feedforward(피드포워드, 과정 전 정보제공)와 Feedback(피드백, 과정 후 반응)입니다. 이 두 가지로 인해 아이가 영어 글쓰기를 신나게 할 수 있습니다.

첫째, 피드포워드입니다. 피드포워드는 어떤 것을 쓸지 몰라 하는 아이에게 그 날 배운 영어단어나 문장, 주제에 대해 생각을 열어주는 질문을 던지는 것입니다. 글쓰기를 시작하기 전에 다양한 생각의 문을 열어줄 것입니다. 예를 들어, "오늘 어떤 단어를 배웠니?" "그 단어로 문장을 만들 수 있니?" "엄마는 무슨 뜻인지 모르겠는데, 설명을 해줄 수 있어?" 등등 아이 스스로 선생님이 되어 엄마에게 알려주도록 Learning space(러닝 스페이스, 배움의 장)를 제공해 주세요.

이 과정은 아이의 정보처리 능력을 향상시킵니다. 아이가 스스로 그 날 배운 것을 정리하는 시간을 갖게 하기 때문입니다. 이는 아이로 하여금 수업에서 가장 중요한 것이 무엇인지를 다시 인지하게 합니다. 수업 시간에 배운 내용을 떠올리게 하면서 저장된 기억을 불러옵니다. 아이가 배운 내용을 스스로 설명하면서 메타인지를 적극적으로 활용합니다. 이러한 활동은 아이의 뇌로 하여금 기억을 더 단단하게 저장하도록 자극을 줍니다.

둘째, 피드백입니다. 글쓰기가 끝난 후에 아이의 글을 볼 때 부모님이 보여주는 반응입니다. 부모님의 반응은 반드시 긍정적이어야 합니다. 이 안에는 늘 칭찬과 감탄이 있어야 합니다. 우리 아이들은 다양한 경험을 해야 합니다. 누구에게나 첫 시작은 설렘과 두려움을 함께 느끼게 합니다. 아이들이 무언가를 처음으로 시작할 때 열심히 노력한 과정과 태도를 칭찬해 주세요. 그것이 아이에게는 작은 성공경험으로 기억될 수 있습니다. 미묘하고 작은 성공경험이 차곡차곡 쌓여서 우리 아이의 자신감을 튼튼하게 만듭니다.

이 성공경험이 아이로 하여금 다음 도전을 하게 합니다. 처음에는 쉽지 않았지만, 첫 스텝이 두 번째 세 번째로 이어집니다. 이 스텝이 꾸준히 이어져야 영어습관이 탄탄하게 형성됩니다. 혹 아이가 잘 쓴다고 욕심을 내지 마세요. 한 번에 몇 줄을 이어서 쓰게 하지는 마세요. 영어는 마라톤입니다. 이렇게 하루에 1줄만 쓰는 것을 100일, 약 3개월간 지속합니다. 그 사이에 부모님이 함께 해주실 것은 끝없이 이어지는 진심이 담긴 칭찬과 아이가 쓴 문장을 스스로 정확하게 발음하도록 발표 기회를 제공하는 것입니다.

만약 아이가 틀린 문장을 쓴다면 어떻게 할까요? 반드시 수정을 해주어야 합니다. 하지만 이것은 '너 틀렸어'라고 지적을 하란 말이 아닙니다. 빨간펜으로 쭉쭉 엑스표를 그어주라는 것도 아닙니다. 선생님께는 틀린 것을 지적 받아도 아이들은 순응하며 넘어갑니다. 하지만 부모님께는 그렇지 않습니다. 믿었던 도끼에 발등이 찍힌 것 마냥 서럽고 억울한 감정만을 느끼게 됩니다. 만약 아이가 'I is Soomin' 이라는 문장을 썼다면 왜 그렇게 썼는지 먼저 물어주세요. 장황한 문법 설명을 하지 마세요. 이는 아이의 영어머리를 막는 행위입니다.

틀린 것은 Mirroring(미러링, 화자의 말과 행동을 거울처럼 비추기)을 맞는 것은 Backtracking(백트레킹, 화자의 말 끝부분을 따라하는 것)을 해주세요. 여기에서 미러링은 'I am Bomin. You are Soomin' 이렇게 맞는 문장을 알려 주는 것입니다. 아이가 잘못한 것을 스스로 알아채도록 거울처럼 비춰주는 것입니다. 백트레킹은 아이가 한 단어나 문장을 따라하는 것입니다. 음성으로 한 번 더 들려주기 위해서입니다. 또, 아이가 정확한 문법과 발음을 들을 수 있는 기회를 제공하기 위한 것입니다.

미러링 후에 아이가 'Yes, I am Soomin'이라고 하면 한 번 더 'Yes. I am Soomin'이라고 백트레킹을 하면 됩니다. 미러링과 백트레킹을 했는데도 아이가 이 부분을 잘 이해하지 못한다면 과감하게 넘어가세요. 아이의 영어 수준이 아직 이 단계를 이해할 정도가 아닌 것입니다. 즉, 아이가 아는 단어와 문장으로 영어 글쓰기를 시작하도록 이끌어 주세요. 가장 중요한 것은 아이 머릿속에 있는 단어와 문장을 글로 옮기는 것입니다. 부모님이 직접 교정해 주는 것이 부담스러우면 리더스북을 많이 활용하시길 권합니다.

영어 글쓰기가 좋다는 것을 알면서도 간혹 '우리 아이는 글씨 쓰는 걸 정말 싫어해요', '글씨 쓰기를 너무 힘들어 합니다' 같은 고민을 들을 때가 있습니다. 연필을 쥐고, 필기를 하는 것을 Penmanship(펜맨십, 서법)이라고 합니다. 아이가 펜맨십을 즐겨하지 않는다면 소근육 강화 훈련부터 다시 시작하세요. 유아기 때 많이 연습했던 '젓가락 운동'을 권합니다. 젓가락으로 콩을 집거나, 젤리를 옮기는 놀이를 많이 하게 해주세요. 대부분 글을 즐겨서 쓰지 않는 아이들은 손가락 힘이 약했습니다. 또 연필을 쥐는 것이 불편할 때 글 쓰는 걸 즐기지 않는 것도 봤습니다.

물론 소근육이 약하지 않은데도 글쓰기를 싫어하는 경우도 있습니다. 예를 들어 아이가 그림을 그리는 것을 좋아하고, 낙서하기를 좋아하는 경우입니다. 이럴 때는 글쓰기에 대한 흥미와 동기를 잘 부여해 주면 쉽게 글쓰기를 시작할 수 있습니다. 그러니 원인이 어디에 있는지 면밀히 파악해야 합니다. 지혜는 손끝에서 나온다고 했습니다. 손으로 무언가를 끄적거리는 행위는 뇌의 발달에도 긍정적인 영향을 미칩니다.

하지만 이것도 아이가 좋아해야 합니다. 아이가 즐거하지 않는다면 고통만 남게 됩니다. 그런 경우에는 글쓰기 타이밍을 조금 뒤로 미뤄 주세요. 기억하세요. 항상 아이에게 주도권과 선택권을 주어야 합니다. 하루 1줄 영어 글쓰기는 아이가 즐거워서 스스로 하는 행위가 되어야 영어 습관으로 자리를 잡습니다. 1줄 이상 절대로 욕심을 부리지 마세요. 이건 한글 글쓰기가 아닙니다. 한글 글쓰기처럼 쉽게 시작할 수도 없고, 무작정 많이 쓰는 것이 정답은 아닙니다. 영어 학습은 잘못 끼워진 첫 단추가 있다면 처음부터 다 뜯어내야 합니다.

1줄을 모아 스토리를 만든다

바로 앞에서 되도록 하루에 단 5분만 사용하면서 1줄을 쓰라고 권했습니다. 하루에 오직 5분, 1줄씩 쓴 문장을 5일간 모으면 5줄이 됩니다. 그렇게 5분씩 5일이면 다섯 문장으로 이뤄진 짧은 글도 완성할 수 있습니다. 티끌을 모아 태산처럼 만드는 5가지 글쓰기 방법을 알려 드립니다.

첫째, 아이에게 지시하지 말고, 항상 의견을 물어보세요. 시작에 앞서, 아이가 어디에 쓰고 싶은지 미리 상의해 보세요. 낱장에 쓰고 싶은지, 공책에 쓰고 싶은지, 그림 일기장에 쓰고 싶은지, 아이의 의사에 맞춰 진행하세요. 단, 모든 글을 차곡차곡 모아서 아이의 눈으로 결과물을 확인하도록 해야 합니다.

둘째, 무조건 일주일간 쓴 5문장을 모으세요. 아이들이 쓴 글이 조금씩 모이게 됩니다. 물론 처음에는 이 문장들이 유기적으로 보이지 않습니다. 한 가지의 주제를 정해서 한 줄을 쓴 것이 아니기에 서로 관련이 없어 보입니다. 그럼에도 이 5문장을 반드시 모으길 권합니다. 초기에는 현재시제와 1인칭 시점에서의 문장이 많이 보일 것입니다. 이 한 줄도 모아서 보면 아이의 특성과 관점을 고스란히 반영하는 것을 알 수 있습니다. 문장의 공통점과 유사점을 발견할 수 있습니다. 아이가 유독 많이 쓰는 단어와 쓰는 방식을 볼 수 있기 때문입니다. 아이도 본인이 쓴 문장을 모으면서 자신의 글쓰기 방식을 파악할 수 있습니다.

셋째, 모은 것을 문장 단어장과 타임캡슐로 사용하세요. 문장을 모아 놓으면, 이 문장이 아이에게 참고 문장을 제공합니다. 이것이 바로 문장 단어장입니다. 넘기면서 보다보면 내가 이런 문장을 썼나 기억이 새롭게 다가오는 때도 있습니다. 예를 들어, 3학년 3월에 '새학기'에 대해 썼는데, 4학년 3월에 같은 주제로 글을 쓸 수도 있습니다. 그럼 1년 전에 어떤 단어와 문장을 사용해서 표현했는지를 살펴볼 수 있습니다. 타임캡슐과 같이 아이의 일상과 추억을 꺼내어 볼 수 있습니다. 다양한 단어와 문장을 통해 새로운 문장을 다시 만들 수 있습니다. 어느 날 이 표현이 뭐였더라는 생각을 갖고 넘기다보면 글감으로 쓸 문장을 골라낼 수도 있습니다. 5줄이 더 많이 모이면 관련이 있는 문장을 이어서 쉽게 한 문단을 뚝딱 만들 수도 있습니다.

넷째, 미라클 스위치로 1줄을 5줄로 확장해보세요. 예를 들어 접속사나 부사를 사용하면 관련이 없어 보이는 문장도 이을 수 있습니다. 그렇게 잇다 보면 문장이 더 풍부해집니다. 나아가 새로운 문장도 만들 수 있습니다. 이 5문장을 미라클 스위치로 변환하면 글감까지 더 풍부해집니다. 처음에는 미약하겠지만, 매일 매일이 쌓여서 다양한 쓸거리로 기록이 되는 것을 확인할 수 있습니다.

다섯째, 구글을 활용하세요. 배운 내용의 양이 적어 활용이 어렵다면, 구글 사이트를 이용하면 됩니다. 구글 검색창에 원하는 영어 단어를 입력해봅니다. 겨울과 관련이 있는 문장을 쓰고 싶다면, 'words for winter'라고 칩니다. 이미지를 누르면 다양한 워크시트나 이미지 파일이 나옵니다. 픽셔너리를 통해 아이가 다양한 단어를 바로 보고 활용할 수 있습니다. 이렇게 단어를 수집했다면, 같은 방법으로 문장도 골라봅니다. 이번에는 'sentences for winter'를 칩니다. 역시 이미지를 누르면 다양한 문장을 그림과 함께 볼 수 있습니다.

처음에는 베껴 써도 괜찮습니다. 이 후에 미라클 스위치로 변형을 할 수 있으니, 베껴 쓰는 것을 염려하지 마세요. 베껴서 쓰더라도 정확한 문장을 익히는 것이 더 중요합니다. 만약 나온 단어의 발음이 어려우면 다시 구글 검색창에 단어 pronounce(프로나운스, 발음)를 치면 됩니다. mitten(미튼, 벙어리장갑)의 발음을 모른다고 하면 how to pronounce mitten(하우 투 프로나운스 미튼, 벙어리장

갑 발음하는 방법)을 치면 영상이 나오니 아이와 함께 보면서 발음 연습도 할 수 있습니다.

마지막으로 영어 글쓰기가 좋아하는 형식을 알려 드립니다. 영어 말하기와 글쓰기가 기본적으로 채택하는 방식은 두괄식 구성입니다. 저는 이것을 이해가 쉽도록 4C Pragma(프래그마, 기법)라고 부릅니다. 이 과정은 Conclusion(컨클루젼, 결론) - Cause(코즈, 원인) - Case(케이스, 예시) - Conclusion(컨클루젼, 결론)입니다. 먼저 자신이 주장하고자 하는 것을 맨 앞에 씁니다. 그리고 그에 대한 이유와 예시를 적습니다.

이유와 예시에는 크게 두 가지를 사용합니다. 하나는 인용구, 다른 하나는 개인적인 이야기입니다. 인용구는 논리적인 글쓰기에서 많이 사용합니다. 어디에서 본 내용을 발췌해서 인용구로 쓸 수 있습니다. 또 개인적인 이야기를 예시로 사용하기를 권합니다. 영어는 Personal Story(퍼스널 스토리, 개인적인 이야기)를 참 좋아합니다. 나만의 사적인 이야기와 경험을 넣어 더 강력하게 주장을 뒷받침합니다. 마무리로 서두에 한 말을 다시 한 번 강조하며 갈무리합니다. '이러이러한 이유로 나는 서두에서 말한 대로 OO한다'라고 끝냅니다. 물론 영어 1줄 쓰기 초반에는 매일 쓴 것으로 이 문단을 구성하기는 어렵습니다. 하지만 3개월만 5줄을 모아 한 문단을 만들어 보세요. 3개월이 지나면 마법처럼 4C Pragma를 적용하여 글을 쓸 수 있습니다.

요즘 아이들은 성장이 참 빠른 것 같습니다. 10년 전과 비교를 해도 초등 고학년 아이들은 중학생이라고 해도 믿을 정도로 큽니다. 몸은 많이 성장했지만, 그래도 아직 아이들입니다. 초등학교 아이들은 여전히 부모님에게는 관심과 사랑을 독차지하고 싶은 아기와도 같습니다. 엄마가 영어 공부를 시키기 위해 조련한다는 느낌보다 지금 너에게 집중하고 있다는 느낌이 들도록 해주세요. 눈에 보이지 않는 것을 눈에 보이도록 하기 위해서는 셀 수 없이 많은 시간이 필요합니다.

　영어학습은 부모님의 인내심과 지구력이 필요한 과정입니다. 아이가 스스로 성장할 수 있는 기회를 낚아채지 마세요. 스스로 생각할 수 있는 스페이스를 제공해 주세요.

아무도 알려주지 않는 글쓰기 꿀팁 4가지

영어 글쓰기는 거창한 것이 아닙니다. 어려운 것도 아닙니다. 영어가 쉽고 재밌는 것처럼, 영어 글쓰기도 쉽고 재밌습니다. 하루 1줄 영어 글쓰기가 쉽게 시작하기 위해 무엇을 해야 할까요? 아무도 알려주지 않는 글쓰기 꿀팁, 4가지를 알려 드립니다.

첫째, 1줄 쓰기가 가능한 시간과 장소를 정해야 합니다.

아이 스스로 생각을 정리하고 끌어내야 하니, 마음에 여유가 있어야 합니다. 아이가 10분이라도 편하게 보낼 수 있는 시간대를 골라 보세요. 이 1줄 쓰기가 규칙적인 Routine(루틴, 일상)이 되어야 합니다. 시끄럽고 분주한 교실이나 바쁜 상태에서는 글쓰기가 불가능합니다. 조용하게 집중할 수 있는 공간에서 글을 쓰도록 해주세요. 아이가 혼자서 쓰는 것을 좋아하면 혼자 쓸 수 있게 하세요. 친구들과의 활동을 더 선호하고, 함께 쓰고자 하는 친구들이 있다면 함께 쓰게 해주세요.

둘째, 부담을 갖지 말고 자신이 아는 단어로 딱 1줄만 씁니다.

굉장히 잘 쓰려고 하거나, 멋진 문장을 쓰려고 할 필요는 없습니다. 처음부터 잘 쓴다는 것은 누구에게나 불가능한 일입니다. 아이가 어디에선가 본 문장을 따라 써도 좋습니다. 책을 보고 베껴서 써도 좋습니다. 그것도 어렵다면 부모님이 리더스북에서 고른 한 문장을 공책에 따라 쓰도록 지도하셔도 좋습니다. 또는 한글로 문장을 써도 좋습니다. 처음에는 한글로 1줄을 쓰는 게 더 편하다고 느낄 수 있습니다. 한글로 1줄을 쓰고, 영어로 바꿔보는 연습을 하면 됩니다.

특별히 부모님이 도와주시면 좋은 것은 주제와 관련된 Topic-related Knowledge(토픽 릴레이티드 날리지, 배경지식) 쌓기입니다. 아이가 쓴 문장에서 새로운 개념이나 정보가 나온다면 쉽게 설명을 해주시면 좋습니다. 아이가 스스로 참고 도서나 인터넷을 활용하여 찾도록 지도해 주셔도 좋습니다. (4장에 7가지 방법이 더 설명되어 있습니다)

셋째, 4가지 영역을 넘나들며 1줄 쓰기를 해야 합니다.

영어가 외국어인 EFL 상황에서는 쓰기만 단독으로 하는 것이 아니라 듣기, 말하기, 읽기와 같이 다른 영역과 결합해서 학습을 하는 것이 중요합니다. 결국 4가지 영역이 고루 학습이 될 때 우리가 원하는 학습 성과를 더 빠르게 얻을 수 있기 때문입니다. 우리나라의 영어교육은 그동안 음성언어 교육은 소홀히 하며, 문자언어 중심으로 이끌었습니다. 또 회화수업을 많이 할 수 없는 환경이기에 글로 자신의 생각과 감정, 의견 등을 표현하는 것이 더 효율적입니다. 단어 쓰기 학습에서 자신감을 갖게 되면, 문장을 쓸 수 있습니다. 더 나아가 문장을 모아 문단을 만들 수 있는 능력도 갖추게 됩니다. 그리고 여러 유형의 문장들에서 생각을 추출할 수도 있습니다.

넷째, 철자와 구두법은 알고 시작해야 합니다.

철자를 제대로 안다는 것은 알파벳 26개의 대문자, 소문자를 구분해서 쓰는 것을 말합니다. 구두법은 문장의 첫 글자는 대문자로 쓰는 것, 문장을 마칠 때 period(피리어드, 마침표)를 찍는 것, 또 기본적으로 comma(콤마, 쉼표)와 colon(콜론), semi colon(세미콜론)의 사용법을 아는 것을 가리킵니다.

1. comma 나열 할 때, 동격인 단어와 문장을 삽입할 때

e.g.) There are my family, my father, my mother, and me.

2. colon 열거하거나 앞 내용을 설명할 때

e.g.) This is my family: my father, my mother, me.

3. semi colon 접속사처럼 2개의 문장을 연결할 때

e.g.) This is my family; I Love them.

글쓰기 활동이 글을 통한 의사소통을 더 원활하게 합니다. 글쓰기는 부모와 아이가 글로 생각을 나누고 대화를 하는 과정입니다. 그래서 아이가 글을 쓰는 즐거움 자체를 깨달을 수 있는 기회가 됩니다. 초등학생은 호기심이 강합니다. 실생활에서 하는 경험이 사고와 행동에도 영향을 미칩니다. 그래서 부모님과의 체험 학습 중심의 쓰기 활동을 강조합니다. 부모와 함께 시작하는 1줄 쓰기가 아이들의 사고와 행동을 성장시킵니다. 규칙적으로 쓰기만 해도 결국에는 글쓰기를 잘하게 된다는 것이 학문적으로도 증명이 되었습니다. 다만, 정확성을 위해 먼저 기초를 다져야 합니다. 그래서 철자법과 기본적인 구두법을 강조하는 것입니다. 정확성을 기른 후에 반복해서 쓰면 유창성은 자연스레 향상이 됩니다.

말을 잘하는 사람이 글도 잘 쓰는 경우가 많습니다. 말을 잘하는 사람들은 기본적으로 논리적으로 생각하는 습관이 있기 때문입니다. 평소에 말하는 것을 글로 옮겨 적으면 왠지 잘 쓰는 것처럼 보입

니다. 물론 100% 맞는 말은 아닙니다. 한번 실험을 해 보세요. 말을 할 때는 굉장히 논리정연하고 조리 있게 표현한 것 같지만 글로 펼쳐 놓으면, 정말 그 상태 그대로 누군가에게 보여주기가 창피해집니다. 즉, 말하듯이 글을 쓴다는 것은 사실 불가능합니다. 반대로 글을 쓴 후에 여러 번 고쳐서 그 바탕으로 말을 한다면 훨씬 더 유창한 말하기가 가능합니다.

3장 오늘부터 시작하는 영어 1줄 쓰기

집에 굴러다니는 리더스북 활용법

영어를 좀 한다는 아이의 집에 공통적으로 있는 것이 있습니다. 바로 읽기용 책인 리더스북입니다. 수준별로 나뉘어져 있는 리더스북, 다들 갖고 계시지요? 리더스북은 각 단계별로 필수 어휘와 문장을 갖추고 있습니다. 영어 글쓰기를 잘하고 싶으면 먼저 리더스북을 많이 읽어야 합니다.

리더스북을 활용해서 영어 글쓰기를 쉽게 시작하는 방법을 알려드립니다. 바로 리더스북을 읽고, 그 책의 단어와 문장으로 1줄 쓰기를 하는 것입니다. 전체 필사가 아닌 반복되는 패턴 문장만을 보고 써도 좋습니다. 또는 리더스북에서 새로운 어휘를 익혔다면 그 단어로 한 줄을 쓰는 것도 좋습니다. 리더스북의 앞뒤 페이지에 적힌 질문에 해당하는 답을 하면서도 하루 1줄 영어 글쓰기가 가능합니다.

누구나 책을 많이 읽는 것이 학습에 유익하고 탄탄한 학습을 이어가기 위한 기본임을 알고 있습니다. 책을 많이 읽은 사람은 사고력, 통찰력, 창의력 등 다양한 능력을 초능력처럼 지니고 있습니다. 위 역량은 모두가 호감을 갖는 인간형을 만듭니다. 책을 읽으면 얻게 되는 이점은 이루 말할 수 없이 많습니다. 그래서 우리 아이들은 없는 시간을 쪼개어 책을 읽고 있습니다.

지난해 수능에서 만점을 받은 학생도 독서를 공부비법으로 꼽았습니다. 고등학교 기간 내내 오전에 1시간씩 했던 독서가 모든 공부의 바탕이었다고 했습니다. 오전에 1시간씩이나 독서시간을 낼 수 있다는 사실도 신기하지만, 꾸준히 그 습관을 이어갔다는 것도 참 놀랍습니다. 사람을 만드는 책, 우리 아이들이 정말 많이 읽어야 합니다. 다만 제대로 이해하지 않고, 꼼꼼하게 보지 않는다면 저는 책 읽기를 반대합니다. 지금까지 다독을 위한 다독을 했다면, 바로 따라해 보세요. 이제는 더 잘 읽고, 더 많이 읽기 위해서 독서 방법을 바꿔야 합니다. 리더스북을 제대로 활용하는 3가지 방법입니다.

첫째, 아이가 매일 읽는 분량을 정합니다. 아이가 즐겁게 읽을 수 있는 환경을 만들어 주어야 합니다. 이에 아이의 나이만큼 읽도록 권합니다. 이상화 작가의 『하루 나이 독서』를 보면 1살이면 하루에 1권을 읽도록 하고, 2살이면 하루에 2권을 읽도록 합니다. 10세만 되도 하루에 10권을 읽어야 합니다. 좋은 방법이지만 요즘처럼 할 일이 많고, 시간은 부족한 상황에서는 어렵다고 생각합니다. 그래서 저는 이 방법을 권이 아니라 쪽수로 변경하기를 권합니다. 아이가 10살이면 10쪽만 읽는 것입니다. 장으로 세면 5장입니다. 윌리엄 포크너 (William Faulkner)는 다음과 같이 읽기의 중요성을 강조했습니다.

"Read, read, read. Read everything - trash, classics, good and bad, and see how they do it. Just like a carpenter who works as an apprentice and studies the master. Read! You'll absorb it. Then write"

"읽고, 읽고, 또 읽어라. 시시한 글이든 고전이든, 좋은 글이든 나쁜 글이든 모든 것을 읽고 그 글을 어떻게 썼는지 확인하라. 도제처럼 일하고 장인처럼 연구하는 목수와 같이! 끝없이 읽어라! 흡수해라. 그리고 나서 써라"

둘째, 1권의 리더스북을 최소 3번은 읽습니다. 즉, 리더스북을 3단계에 걸쳐 읽는 것입니다. 처음에는 전체 내용을 훑어보기 위해 읽습니다. 그림도 살펴보고, 모르는 단어가 있으면 엄마나 선생님께 뜻도 물어보며 자유롭게 내용을 파악하는데 집중합니다. 두 번째는 주인공의 관점에서 책을 읽어 봅니다. 아이 스스로가 주인공이 되었다고 생각하며 그 역할에 빠져서 내용을 읽어 가는 것입니다. 아이들이 어리거나 크더라도 이렇게 주인공의 관점에 몰입하여 책을 읽으면 어떤 이야기든지 더 흥미로워집니다. 아이가 책의 내용을 더 잘 기억하게 됩니다. 꼭 시도해 보세요. 마지막으로 책에서 인상 깊었거나 감명을 받은 문장을 찾습니다. 또는 자신이 외우고 싶은 문장을 찾아 밑줄을 긋습니다. 그리고 밑줄을 그은 페이지에 그 답이 나올 수 있는 질문을 적어봅니다. 예를 들어 어떤 리더스북 페이지에 이런 내용이 나왔다고 생각해 보세요.

"Her hair is a rainbow. I can see red, yellow, pink, green, purple, orange, blue inside"

이 문장에 밑줄을 그었다면, 질문은 What color is her hair? / What colors can you see in her hair? / What colors are inside of her hair? / What do you call seven colors of beautiful things in the sky? 등 다양하게 질문을 만들 수 있습니다. 질문을 만들 수 있는 아이가 어떤 질문에도 답할 수 있습니다. 이를 통해 아이의 상상력과 창의력이 무한하게 커지는 건 크리스마스 선물과도 같은 일입니다.

셋째, 아이가 리더스북 읽은 것을 녹음합니다. 여러 번 소리 내어 읽기 연습을 한 후에는 꼭 녹음하도록 지도해 주세요. 이를 통해 아이가 자신의 발음과 읽는 습관을 스스로 체크할 수 있습니다. 스스로 발음이 어떻게 들리는지, 읽기를 할 때 너무 빠르거나 느린 것은 아넌지를 스스로 확인할 수 있습니다. 부모님이나 선생님이 시켜서 무작정 읽어 치워야 하는 리더스북은 비효율적입니다. 잘 읽고서 녹음으로 마무리를 하다보면 자기주도적으로 읽는 것이 가능해집니다.

　우리 아이가 책 읽는 아이로 자라기를 원하시나요? 그렇다면 아이에게 책을 읽는 모습을 먼저 보여주세요. 아이에게 책을 많이 읽는 것을 강요만 하는 부모님은 되지 마세요. 1권의 책이 보통 250페이지라고 하면, 부모님도 일주일에 1권씩은 읽어낼 수 있습니다. 그렇다면 한 달에 4권의 책을 읽을 수 있습니다. 내가 아이를 보듯 아이도 늘 나를 본다는 것을 기억해야 합니다.

에베레스트 등반처럼 어렵지 않은 문법정복

에베레스트, 세계에서 가장 높은 설산입니다. 혼자는 절대로 등반을 할 수 없어서 셰르파의 도움이 꼭 필요한 곳입니다. 저는 늘 문법 공부를 에베레스트에 빗대어 말합니다. 에베레스트가 어려울까요? 문법이 어려울까요? 너무나 당연한 얘기일 수도 있지만, 문법 정복이 에베레스트 등반보다 쉽습니다. 어떻게 하면 될까요? 3가지 방법이 있습니다.

첫째, 문법을 정복하는 가장 쉬운 방법은 그 날 배운 문법으로 하루 1줄 영어 글쓰기를 하는 것입니다. 문법 설명을 듣기만 하면 다음 날이면 바로 까먹게 됩니다. 그 날 배운 문법을 활용하여 1줄을 써본다면 이 문법은 완전히 나의 것이 됩니다. 그래서 저는 아이들이든 어른들이든 문법 수업에서 늘 1 문장을 만들도록 합니다. 어떤 문장이든지 괜찮습니다. 문법적인 오류만 범하지 않는다면 내용이 다소 웃기거나 황당해도 괜찮습니다.

둘째, 말하기뿐 아니라 문법에도 청킹을 적용합니다. 문법 청킹은 공통점이 있는 문법끼리 묶어주고, 나눠주는 것입니다. 예를 들어 be동사 / 조동사 / 일반 동사의 개념, 공통점, 차이점을 전체적인 맥락에서 한 번에 보면 이해가 쉬워집니다. 형용사와 부사를 배운 뒤에 비교급과 최상급의 개념을 익히는 것이 낫습니다. 명사를 배운 후에 대명사와 동명사 부정사를 이어가는 것이 좋습니다. 조금 더 난이도 있는 과정에서 형용사 / 분사 / 동명사를 구분하면서 되짚어보면 됩니다. 쉬운 접속사를 배운 후에 이와 비슷한 전치사를 함께 그룹으로 묶어 보여주면 이해가 쉽습니다.

동사의 개념이 잡혀야 부정사와 동명사를 어떻게 구별해서 사용하는지 알 수 있습니다. 명사의 개념을 먼저 알고 있어야 의미에 따라 주어 / 목적어 / 보어 자리에 오는 것을 구분할 수 있습니다. 아이들은 대부분 문장의 형식을 가장 어려워합니다. 각 품사에 대한 이해가 완전해져야 문장의 형식을 이해할 수 있습니다. 그렇지 않으면 알아듣기 힘든 전문용어만 난무한 아무도 알아듣지 못하는 지식의 저주가 될 수 있습니다. 문법은 초등과정에서는 전체 내용을 한 번 훑어주는 개념으로 접근해야 합니다. 왜냐하면 설명을 제대로 이해하기도 어렵고, 잘 외워지지도 않기 때문입니다.

셋째, 익숙해질 때까지 같은 문법 내용을 반복합니다(4주~6주). 예를 들어 be동사를 시작했다면, 이번 주는 현재형, 다음 주는 과거형, 3째 주는 미래형, 4째 주는 진행형 등으로 활용해서 문장으로 익힙니다. 리더스북을 읽을 때도 다양한 문장 안에서 문법을 찾아내며, 반복 학습을 할 수 있게 지도해 주세요. 이후에는 역시 미라클 스위치가 1줄을 5줄로 바꾸도록 마법을 부리니, 더 많은 문장을 쉽게 써 내려 갈 수 있습니다. 하루 1줄 영어 글쓰기를 할 때 단어는 매일 다양하게 바꾸기를 권합니다. 다만, 문법은 완전히 숙지할 때까지 같은 난이도의 내용을 반복해서 익혀야 합니다.

영어 학습은 2가지 형태로 나뉘어져 있습니다. 조기부터 많은 시간과 교육을 투자하는 그룹과 초등3학년이 되었을 때 학교에서 처음으로 영어를 접하는 그룹입니다. 각 그룹은 학습과정과 학습 예후에도 차이가 있습니다. 영어 말하기 수업을 3년 이상 잘 따라왔다면 별도의 문법 수업은 필요하지 않습니다. 영어회화 문장을 구사할 때 필요한 문법사항에 여러 번 노출이 되었기 때문입니다. 예를 들어 질문을 만들 때는 일반 동사 / 조동사 / be동사 등 다양한 동사를 시제에 맞춰 질문 만드는 연습을 합니다. 이를 통해 조동사는 뒤에 원형의 동사를 데리고 온다는 것을 알고 있습니다. 진행형으로 질문을 할 때는 be동사에 ing형태를 사용하는 것을 배웁니다. 이를 통해 동사를 2개 사용해서 조금 더 풍부한 문장을 만드는 것도 말하기를 통해 익혔습니다.

정규과정에서 우리 아이들이 처음으로 영어를 접하는 것은 초등학교 3학년입니다. 아이들의 영어 교과서를 펼쳐보면 3~4학년을 굉장히 쉬운 회화 중심으로 진행합니다. 학교에서 3학년이 배우는 커리큘럼은 1년동안 배우기에 양이 다소 부족한 편입니다. 사교육에서 3개월이면 마칠 수 있는 양입니다. 그러니 이미 영어에 노출이 많이 된 친구들은 흥미를 잃고 집중하지 않게 됩니다. 여전히 영어 학습에 격차가 존재합니다. 이 격차를 좁히기 위해서는 더 많은 고민과 시간이 필요합니다. 모두 한글 정도는 떼고 초등학교에 입학한다는 생각으로 1학년 교육과정을 시작한 것처럼, 영어교육을 1학년부터 시작하거나, 3학년 과정의 커리큘럼의 난이도를 올리고 학습량을 더 많이 구성해야 나을 것 같습니다. 아이들은 현재 5학년으로 올라가면 갑자기 단어를 암기해야 하고, 문법을 외워야 됩니다. 그래서 정규과정 전에 영어 학습을 미리 접해보지 않았다면 5~6학년이 되면서 영.포.자의 길에 들어섭니다.

영어를 이미 어려워하는데 중학교에 들어가면 문법이 각 과에 2~3가지씩 나옵니다. 문법 시험을 얼마나 꼬아서 내느냐가 난이도 있는 영어시험의 척도가 되었기 때문에 선생님들이 경쟁적으로 문법시험을 어렵게 내기도 합니다. 그래서 영어공부=문법이라는 고정관념이 생겼습니다. 중학교 1학년 1학기는 그냥 저냥 쉽게 보낼 수 있습니다. 문제는 1학년 2학기부터입니다. 중학교에서 배우는 영어는 문법을 토막토막 나누어 배우게 됩니다. 그러다 보니 문법은 배울 때 마다 새롭게 느껴집니다. 교과서마다 차이는 있지만, 공통적으로 불규칙 동사의 과거형을 알고 있어야 하고, 비교급과 최상급의 개념은 잡혀 있어야 합니다. 그렇게 이해도 어렵고, 미처 소화도 안 된 문법이 고등학교 모의고사나 내신 시험에서 지속적으로 점수를 깎아 먹습니다.

영어는 언어이자 과목이기 때문에 교육이 필요합니다. 교육기관은 대체적으로 공교육인 학교와 사교육기관인 학원 또는 과외 등이 있습니다. 정규과정인 학교는 모든 학생들이 공통적으로 다녀야 합니다. 정규교육만으로 충분하다면 다른 것은 필요 없습니다. 더 많이 알고 싶거나 알고 있는 것이 부족할 때 사교육의 도움을 받으면 됩니다. 아이가 배우고자 하는 것을 추가적으로 알려주는 곳이 학원이나 과외입니다. 다만, 수업을 받았다고 아이가 100% 이해했다고 착각하면 안 됩니다.

대부분의 사교육 기관 선생님들은 한 분야만을 오랜 시간 연구한 프로페셔널입니다. 엄마가 아이를 가장 잘 알 수 있지만, 영어는 영어 선생님이 엄마보다 더 많이 알고 있습니다. 다양한 아이들을 가르치며 누적된 데이터가 있고, 슬럼프나 학습장애시 어떻게 지나야 하는지 잘 알고 있습니다. 이 교육의 주인공은 아이입니다. 아이에게 어떤 것이 필요한지를 부모님이 가장 먼저 알고 있어야 합니다. 아이의 상태를 늘 살펴보세요. 때때로 협력이 필요하다면 선생님을 믿고, 과감히 도움을 요청해 주세요. 그리고 잊지 마세요. 선생님 혼자서 우리 아이의 영어를 완성할 수 없습니다. 아이와 선생님 그리고 엄마와 아빠가 셋이 힘을 합쳐야 합니다.

All for one and one for all!
하나를 위한 전부, 전부를 위한 하나!

패턴 학습법과 앵무새처럼 따라 하기는 언제나 옳다

영어, 늘 다 끝내지 못한 숙제 같고, 먹다가 체한 것처럼 속이 답답합니다. 남들처럼 하고 있기는 하지만 우리 아이들과 부모님은 왜 영어를 배우고 있는지 모르는 경우가 많습니다. '아이에게 왜 영어를 공부 시키시나요?'라는 질문을 던지면 막연히 '영어를 잘해야 하니까', '남들도 하니까'라는 자신 없는 대답이 돌아옵니다. 대다수가 명확한 목표를 갖고 있지 않습니다. 이 길고 긴 영어학습의 길 끝에서 어떤 목적지에 다다르고 싶은지 잘 아는 사람이 없습니다. 제가 가르치던 한 아이는 학교에서 보는 영어시험에서 100점을 받고 싶다고 말했습니다. 그 친구는 정말 명확한 목표를 갖고 있다고 생각합니다.

영어를 왜 하는지도 모르는데, 글쓰기는 왜 해야 할까요? 영어를 잘하려면 글을 써야 합니다. 쓰면서 더 배우고, 더 쉽게 영어를 익힐 수 있기 때문입니다. 영어 학습에서는 정확성과 유창성이 중요하지요? 글쓰기에서 정확성이라는 것은 문법에 맞게, 상황에 맞는 어휘를 사용하는 것입니다. 내가 전하고자하는 적확한 메시지를 전하는 것입니다. 유창성은 말하기에서는 예측하지 못한 상황에서도 당황치 않고 메시지를 전달하고, 글쓰기에서는 정형화된 문장을 활용하여 창의적인 문장을 만들어 내는 것입니다. 정확성을 기를 수 있는 2가지 학습법이 있습니다. 바로 패턴 학습법과 앵무새처럼 따라하는 것입니다. 이 2가지는 영어를 처음 시작할 때 많이 사용합니다. 또 오랜 시간이 흘렀어도 가장 효율적인 학습법으로 인정합니다.

첫째, Pattern(패턴, 정형화된 양식) 학습법입니다. 패턴 학습법이란 문장의 일부를 반복하는 것입니다. 기초 영어회화에서 많이 보셨을 겁니다. 하나의 패턴을 활용하여 여러 문장을 말하도록 연습할 수 있습니다. 예를 들어 'How was…?'는 '…는 어땠어?'라는 뜻의 문장입니다. 여기에서 How was가 패턴이 됩니다. 이 과거형 질문 뒤의 명사만 바꾸면 다양한 문장을 만들 수 있습니다. 예를 들어 'How was your school?' 'How was your lunch' 'How was your friend?' 등입니다. 리더스북을 보면 이런 패턴이 눈에 많이 뜁니다. 아이가 글을 쓸 때 이 패턴을 바탕으로 글쓰기를 연습할 수 있습니다.

둘째, Mimicking(미미킹, 앵무새처럼 따라하기)입니다. 음원이나 육성을 들을 때 원어민의 억양과 발음을 그대로 따라하는 것입니다. 리더스북이나 기타음원을 들을 때 연습할 수 있습니다. 듣기와 말하기를 단시간에 향상시킵니다. 나이가 어릴수록 청력이 좋은 것은 모두가 알고 있습니다. 청력은 나이가 들면서 소실되기도 하고, 망가지기도 합니다. 같은 음원을 들려주면 아이들은 그대로 따라하지만, 어른들은 따라하지 못합니다. 어른들에게는 그렇게 들리지 않기 때문입니다. 그래서 어릴 때 많이 들려주라고, 어려서 영어를 시작하라는 말을 하는 것입니다.

정확성을 기르기 위해 최적화된 학습법이자 처음 영어를 시작할 때는 쉽게 적용할 수 있는 방법입니다. 하지만 완벽한 학습법은 아닙니다. 왜냐하면 정해진, 제한적인 상황이 주어졌을 때만 답을 할 수 있기 때문입니다. 학습 초기에는 'What did you do at school?'과 'How was your school?'이 같은 질문으로 사용할 수 있다는 것을 모를 수도 있습니다. 'How are things with you?'가 'How's everything?' 'Any news?' 'How have you been?'과 같다는 것을 학습시간과 학습량이 쌓여야 알 수 있습니다. 그래서 'How are you?'라고 했을 때 'I'm fine. And you?'라는 답만 한다면 유창성이 부족한 사례라고 봅니다. 영어 글쓰기가 유창성을 기르는데 최고의 방법임을 여러 번 강조했습니다.

우리가 글쓰기를 떠올리면 가장 먼저 생각나는 곳이 있습니다. 바로 하버드 대학교입니다. 하버드 대학교는 미국 매사추세츠주 케임

브리지에 위치한 아이비리그 사립대학 중 하나입니다. 1636년에 설립자 존 하버드의 이름을 따서 하버드 대학이라고 명명하였습니다. 우리가 잘 알고 있는 미국 44대 대통령인 버락 오바마와 페이스북의 창시자인 마크 저커버그의 모교이기도 합니다. 이렇듯 하버드는 미국의 명문대학 중 하나이고, 오래된 역사와 이름만으로도 모든 것을 간단하게 설명할 수 있는 유명한 대학교입니다.

하버드 대학 내에는 하버드 칼리지 라이팅 센터가 있습니다. 여름방학과 겨울방학에 특별히 운영하는데, 하버드 재학생의 글쓰기 향상을 위해 설립되었습니다. 튜터와 약속을 잡으면 미리 쓴 에세이를 함께 보고, 그 에세이에 관해 이야기를 나누고, 추후에 더 나은 에세이를 쓰기 위해 첨삭을 받습니다. 하버드 글쓰기가 유명한 이유는 오랜 시간 전통처럼 이어져 오고 있고, 많은 졸업생들이 재학 시절에 익힌 글쓰기 습관으로 인해 직장 및 일평생의 삶이 수월하다고 느끼기 때문입니다.

송숙희 작가의 『하버드 글쓰기』를 보면 하버드 글쓰기의 역사는 1872년부터 시작되었습니다. 재학부터 졸업까지 약 50kg의 글을 쓰도록 훈련하고 있습니다. 50kg, 어느 정도인지 가늠이 되시나요? 그만큼 글을 많이 쓰도록 한다는 것입니다. 우리는 하버드대학교 글쓰기를 150년 이상 되었다고 칭찬하며 부러워합니다. 하지만 언제까지만 부러워할 수는 없겠지요. 최근 20년 사이에 한국의 대학에서도 하버드 대학처럼 글쓰기 교육에 주목하고 있습니다. 한국의 대학도 글쓰기 센터를 여는 등 더 높은 취업률을 위해 글쓰기에 많은 비중을 두기 시작했습니다. 코로나 이후의 언택트 환경의 일상에서 더 다양한 글쓰기를 요구하고 있습니다. 그러니 오늘부터 하루 1줄 영어 글쓰기를 시작해 보세요.

4장

더 잘 쓰기 위한
글쓰기 시크릿

단어 브레인스토밍

외워도, 외워도 끝이 없는 영단어! 저도 영어를 잘 가르치기 위해 오랜 시간 많은 단어를 암기 중입니다. 그동안 제가 만난 아이들은 대부분 단어 암기를 싫어했습니다. 다양한 어휘를 아는 것이 영어학습의 기초란 걸 알면서도 왜 그럴까요? 단어를 억지로 외워야 하니 재미도 없고, 외워지지 않으니 고통스럽기 때문입니다. 학교나 학원에서 공부를 할 때 아이들은 스펠링과 한글 뜻을 기계적으로 외웁니다.

어원이나 파생에 대한 정보나 설명을 듣지 않고 60개, 90개씩 시험을 위해서 매일 외웁니다. 이해하지 않고, 억지로 주입하고 있습니다. 외운데 사용한 시간이 너무 아깝지만 시험만 보고 돌아서면 곧 까먹게 됩니다. 이렇듯 단순 암기는 들이는 시간과 노력에 비해 가성비가 많이 떨어집니다. 이제 외우고 돌아서면 까먹는 단어 암기는 멈춰야 합니다. 대체 몇 개의 단어를 외워야 진짜로 영어를 잘 하게 될까요? 라는 질문을 늘 받습니다. 아래에 명쾌하게 답해 드립니다.

하나, 기본 영어회화를 위해서는 2,000 단어만 있으면 됩니다. 2,000 단어에 반복적인 패턴 문장을 활용해서 다양한 의사소통을 할 수 있습니다. 즉, 내가 쓸 수 있는 단어와 패턴만으로도 대부분의 대화는 가능합니다. 늘 같은 단어와 표현을 사골을 우려내듯 사용함에 싫증을 느낄 수는 있지만 의사소통에는 전혀 어려움이 없습니다. 즉, 더 고급스럽고 유창할 수는 없지만, 생존을 위한 즉문즉답은 가능합니다.

둘, 중학교에서 반드시 알아야 할 필수 어휘는 2,000개 정도입니다.(그래서 중학교 과정의 단어만 잘 암기하고 있어도 일상회화 사용을 어려워하지 않습니다!) 교과서 지문을 이해하기 위해 이만큼의 어휘가 필요합니다. 다만, 동사는 과거형과 과거분사까지 세트로 암기를 해야 합니다. 그래서 이 지점에서 많은 아이들이 영.포.자의 길로 들어섭니다.

셋, 고등학교 모의고사에서 좋은 성적을 받으려면 2만여 개의 단어가 필요합니다. 정답을 잘 골라내기 위해 알아야 할 기본 단어입니다. 물론 단어를 다 암기해도 간혹 1등급을 못 받기도 합니다. 왜냐하면 단어의 뜻은 아는데 내용 유추에 활용을 못하는 경우가 있기 때문입니다.

넷, 취업을 위해 많이 보는 토익 시험도 2만여 개의 단어가 필요합니다. 하지만, 수능 모의고사 대비를 위한 단어와는 다소 다른 분야입니다. 즉. 새로운 단어 2만 개를 다시 외워야 한다고 생각해야 합니다.

문법이나 독해는 어느 선까지 공부를 하면 정리가 됩니다. 과정에 끝이 있다는 뜻입니다. 하지만 단어는 이렇게 줄이어 외웠지만 앞으로도 계속 해야 합니다. 각각의 시험이나 어학과정에서 요구하는 어휘가 다르기 때문입니다. 이 많은 단어들에게 큰 공통분모가 없기에 우리는 때때마다 필요한 단어를 다시 외워야 합니다. 그렇다면 단어 암기에 어떤 학습능력이 가장 필요할까요? 효과적인 학습을 이야기할 때 우리는 3가지를 강조합니다. 이해력, 사고력, 암기력입니다. 이 3가지는 모든 학습의 기초이자 하나의 팀입니다. 그렇다면 어휘를 많이 알고 있으려면 이 3가지 중에서 무엇을 활용해야 할까요?

잘 외우려면 암기력이 좋아야 합니다. 암기력은 무엇인가요? 이해한 것을 오랜 시간동안 까먹지 않고 기억해 내는 능력입니다. 외우기만 잘하거나 저장만 잘하는 것을 보고 암기력이 좋다고 하지 않습니다. 내가 외운 정보를 필요한 상황에서 잘 꺼내어 사용하는 것도 암기력에 해당합니다. 적재적소에서 잘 꺼내 써야 암기력이 제 기능을 한다고 볼 수 있습니다. 이 말은 영어 학습을 통해 암기력을 증진할 수 있다는 것과도 상통합니다. 왜냐하면 학습은 서로 유기적으로 연결이 되어 있기 때문입니다. 그래서 이걸 잘하면 저것도 잘하게 되는 것입니다. 암기력은 과학수업의 원소기호나 수학수업의 방정식 규칙을 외울 때만 사용하지 않습니다. 암기력은 후천적인 학습교정으로 좋아질 수 있습니다. 암기력이 좋으려면 어떻게 해야 할까요? 암기력을 증진시키는 방법은 여러 가지 있습니다.

말이 가능한 3세부터 100세까지 공통적으로 사용할 수 있는 가장 쉬운 방법을 공유하고자 합니다. 바로 무의식에게 질문을 하여 답을 찾아내는 것입니다. 사람에게는 의식과 무의식이 있습니다. 의식은 눈을 뜨고, 깨어 있는 상태에서 인지하고 생각하고 행동하는 것입니다. 무의식은 반대의 상태라고 이해하면 쉽습니다. 무의식은 의식보다 20만배 이상의 강력한 힘을 갖고 있습니다. 구체적인 예를 들어 보면 이렇습니다.

쇼핑을 하다 상점에서 낯익은 노래를 듣게 됩니다. 제목이 기억이 날 듯 말 듯 떠오르지 않습니다. '아, 이 노래. 제목이 뭐더라?' 스스로에게 무의식적으로 질문을 던집니다. 집에 도착할 때쯤이면 '아! OOO였어!' 하며 노래제목이 생각납니다. 생각이 나지 않아 무의식에게 물었기 때문입니다. 뇌는 질문을 받으면 반드시 답을 찾아내려고 합니다. 여기에서 가장 중요한 것은 내가 이미 알고 있다는 것을 인지하는 것입니다.

한번이라도 들었거나 배웠다면 내가 모르는 것은 없습니다. 어디에 있는지 못 찾을 뿐입니다. 뇌는 내가 알고 있는 것과 지금 배우는 것을 동시에 이해한다고 합니다. 단어 암기도 마찬가지입니다. 내가 이해해서 내 머리에 입력을 했습니다. 어디에선가 미로에 갇힌 듯이 둥둥 떠다닐 뿐입니다. 어디에 있는지 찾아내고, 건져내야 합니다.

우리 아이들은 초등과정에서 재미있게 영어 학습을 시작합니다. 그러다가 곧 하루에 50~100개의 단어를 외우는 지점에서 영어를 포기합니다. 문법 공부와 함께 단어 암기가 영어학습의 전부가 아닌데도, 영어에 곧 질려버리게 됩니다. 제가 만난 아이들은 대부분 비슷한 학습 트라우마를 보였습니다.

유일한 해결방법은 단어가 갖고 있는 의미와 어원을 이해한 후에 암기를 하는 것입니다. 지도하는 선생님은 단기간에 많은 양을 외우게 하기보다는 단어를 암기하기 전에 쉽게 이해하도록 설명을 해줘야 합니다. 그렇지 않다면 시험을 보고나서 바로 잊게 됩니다. 단어를 설명하는 방법에는 여러 가지가 있습니다. 이 책에서는 바로 적용하기 쉬운 3가지만 설명합니다.

첫째, 그림을 보듯, 이미지로 기억하라! 앞에서 언급한 무의식을 활용하는 방법입니다. 암기를 가장 쉽게 할 수 있는 방법입니다. 대부분의 아이들은 한국어를 완벽하게 구사하고 있는 상태입니다. 영어단어로는 처음 보지만, 90% 이상의 단어는 한글 학습을 통해 이미 알고 있는 상태입니다. 발음과 뜻을 일방적으로 알려주는 것이 아니라, 브레인스토밍을 통해 어떤 뜻일지 유추하도록 합니다. 아이가 그림을 보면서 의미를 연상하게 합니다.

이미지로 발음과 뜻이 합쳐지도록 자극을 주어야 합니다. 예를 들어 감정을 나타내는 단어를 이미지로 본다고 생각해 보세요.

이 때 Flash Cards(플래시 카드, 앞장에 그림, 뒷장에 철자)나 픽셔너리를 활용하면 좋습니다. 그림을 보여주고, 아이 스스로 어떤 감정인지 설명하도록 합니다. 틀리더라도 영어로 설명하는 것을 권합니다. 많이 어렵다면 초반에는 한글로 설명해도 괜찮습니다.

아이가 감정에 대해 잘 알고 있다 느끼면 그 때 발음을 들려준 후에 스펠링을 보여 줍니다. 이 3가지 단계를 통해 아이의 무의식에 감정을 나타내는 단어가 깊이 자리 잡게 됩니다. 문자로 기억하는 것이 아닌, 이미지와 소리로 저장이 됩니다. 이미지로 기억하는 것은 아이들이 글을 알기 훨씬 어렸을 때부터 기억을 저장할 때 사용했던 기능입니다. 그래서 이 기능은 퇴화하지 않는다면 죽을 때까지 유용하게 사용할 수 있습니다.

둘째, 여러 번 덮어라! 덮는다는 것은 4~5번 반복해서 암기를 하는 것입니다. 여기에는 2가지 방법이 있습니다. 하나는 단어 브레인스토밍입니다. 많은 단어를 쉽게 외우고, 오래 기억할 수 있습니다. 단어 브레인스토밍은 아이가 스스로 뜻을 추측하면서 단어를 암기하는 방법입니다. 단어를 알려주는 부모님이나 선생님이 한글로 바로 알려 주지 말고, 영영의미로 힌트를 주어야 합니다.

재밌는 퀴즈처럼 또 놀이처럼 아이와 함께 할 수 있습니다. 아이가 영영풀이를 이해해서 직접 단어의 의미를 맞추는 것입니다. 영영풀이는 영영사전이나 구글을 활용하기를 권합니다. 예를 들어 아이에게 이렇게 설명을 합니다. "When you want to eat something. You feel this" 그럼 여러 가지 단어가 나올 겁니다. 음식이름이 나올 수도 있고, 다른 감정을 나타내는 단어가 나올 수도 있습니다. 생각을 다양하게 확장하도록 도와주세요. 음식 이름이 나오면 그것대로 새로운 단어를 익히도록 자극을 주세요. 다른 감정을 나타내는 단어라면 그 단어를 통해 개념을 세우도록 도와주세요.

다른 하나는 Guess 학습법입니다. 말 그대로 단어의 뜻을 추측하는 것입니다. 브레인스토밍이 한글 뜻을 알아내는 것이라면, Guess 학습법은 알고 있는 영어 단어와 연결하는 과정을 가리킵니다. 역시나 영영풀이로 설명해 주길 권합니다. hungry의 개념을 알고 있는 아이에게 starving을 가르쳐 줄 때 사용할 수 있습니다. "You are very very hungry. You can say like this"

Guess 학습법은 뜻을 연상하며 아이디어를 끌어냅니다. 새로운 어휘, 특히 어려운 어휘를 암기할 때 추천합니다. starving이라는 단어가 더 헝그리한 상황에서 쓰이는 것을 알게 됩니다. 아이가 이미 알고 있는 내용과 연결하도록 합니다. 이 활용법이 익숙해지면 어떤 단어라도 한 번만 보면 즉시 외우게 됩니다.

셋째, 논리와 규칙을 무시하라! 스펠링 암기를 유난히 어려워하는 친구들이 있습니다. 단어 브레인스토밍을 잘하기 위해서는 파닉스가 필요합니다. 물론 모든 단어가 파닉스의 규칙대로 읽히지 않습니다. 어떤 단어는 규칙에도 맞지 않고, 엉망인 단어들도 있습니다. 예를 들어 Island라는 단어는 규칙에 따르면 아이슬란드입니다. 하지만 발음은 아일런드입니다. 왜 그럴까요? 이유는 그냥입니다.

영어사전이 처음 만들어질 때 순수영어 단어가 많지 않았습니다. 그래서 다른 나라의 언어에서 여러 단어를 빌리고, 훔치고, 베꼈습니다. Island라는 단어를 어떻게 만들었나 기원을 보면, 원래 s가 들어가는데 발음이 안 나면 더 멋있을 거 같아서 그랬다는 설이 있습니다. 이게 무슨 황당한 소리입니까? 어려서부터 영어유치원을 다녔고, 오랜 시간 회화 중심으로 영어를 공부해온 아이는 'Dokdo'를 [독두]라고 읽었습니다. 저도 웃고, 아이도 웃었습니다. 파닉스를 너무나 정통적으로 잘 배워서 나타난 부작용입니다.

굉장히 논리적인 성향을 가진 친구들, 원인과 결과가 명쾌해야 편안함을 느끼는 친구들은 영어 학습에 반감을 느낍니다. 배운 파닉스의 규칙대로 단어가 읽히지 않기 때문입니다. 그런 아이들에게는 '영어가 원래 그래'라는 수용의 태도를 길러주어야 합니다. 파닉스는 글을 읽기 위해서만 사용하지 않습니다. 듣기능력에도 영향을 줍니다. 모든 알파벳의 음가와 규칙을 제대로 알고 있어야 발음을 들었을 때 철자를 유추할 수 있습니다. 그렇게 하면 단어암기를 할 때 철자는 따로 외울 필요가 없습니다.

물론 이 부분도 잘 모르거나 엉킨 파닉스 규칙을 잘 설명해 주면 1개월 이내에 단어 암기의 신이 될 수 있습니다. 단어 암기는 영어학습의 기초공사 과정입니다. 나중에 와르르 무너지지 않으려면 기초가 탄탄하게 잘 잡혀 있어야 합니다. 아이가 뜻을 잘 유추하거나 잘 기억해 낼 때마다 과하다 할 정도로 칭찬샤워를 해 주시고, 아주 잘하고 있다고 더 격려해 주세요.

문장 기차 만들기

단어 브레인스토밍으로 단어를 잘 외웠다면 더 오래 기억하게 해야 합니다. 외운 단어로 문장 기차를 만듭니다. 이렇게 하면 아이는 평생 자신이 외운 단어를 잊지 않습니다. 이 과정을 통해 외운 단어가 단단하게 저장이 됩니다. 외운 단어로 문장기차를 만드는 방법은 문법학습이나 어휘학습에도 활용할 수 있습니다. 여기에는 2가지 방법을 사용합니다.

첫째, 4문장으로 말하기입니다.

5장의 '미라클 스위치'를 활용해 I am 패턴의 문장을 5줄로 늘립니다.

I am happy.

I am sad.

I am surprised.

I am angry.

I am hungry.

위의 5문장은 다시 한번 미라클 스위치를 통해 25문장으로 늘어 납니다. 처음에는 최소 4개의 문장만 씁니다. 여기에도 4C Prag-ma(Conclusion 결론 - Cause 원인 - Case 예시 - Conclusion 명료화)를 기본으로 문장을 구성하면 됩니다. 가장 핵심적으로 전하 고자 하는 메시지를 첫 문장에 씁니다. 즉, 영어는 동작과 행위를 통 해 어떤 일이 일어났는지 또는 일어날 것인지를 미리 예측할 수 있 습니다. 그리고 문장을 연결할 때는 하나의 주제를 말하는 통일성을 갖춰야 합니다. 위에서 예를 들었듯이 감정을 나타내는 단어가 통일 성을 갖추게 합니다. 여기에서 더 확장된 글을 쓰기 원한다면, 감정 의 원인에 대한 보충설명을 덧붙이면 됩니다. (또 부사나 접속사, 전 치사를 활용하여 앞. 뒷 문장을 매끄럽게 이을 수도 있습니다. 4 문장 이 자연스럽게 이어지면 한 문단이 쉽게 만들어집니다.)

I am happy. Because I feel good.

감정을 먼저 말하고, 그 뒤에 왜 기분이 좋은지에 대한 예시를 들면 됩니다.

I can play soccer in the afternoon.

마지막 문장으로 마무리를 지으면 됩니다.

I am happy to play soccer today.

이것은 가장 기초적인 예시입니다. 아이의 수준에 맞게 기본 템플릿에 따라 써보세요.

시제는 현재와 과거만 구분해서 쓰도록 지도해 주세요. 어느 정도 수준이 향상이 된다면 진행형과 현재완료형도 사용할 수 있습니다.

둘째, 나이만큼 쓰기입니다.

어느 정도 기초 수준을 벗어났을 때 시작하면 좋습니다. 즉, 4문장 말고 더 쓰고 싶거나, 스스로 더 많이 쓸 수 있을 때 시작하면 됩니다. 예를 들어 아이가 9살이라면 9문장을 쓰는 것입니다.

It's Monday today.

I am happy.

Because I feel good.

I feel good when I can play soccer.

I can play soccer in the afternoon.

I am happy to play soccer today.

Soccer is my favorite thing.

Soccer makes me happy.

It is a good day.

나이만큼 쓰기에서 한 가지 특징을 찾으셨나요? 문장을 더 많이 늘릴 줄 모른다면, 앞에 사용한 단어를 다시 사용해 다음 문장을 만듭니다. 물론 영어는 반복적인 어휘의 사용을 좋아하지 않습니다. 하지만 기초 단계에서는 이렇게 같은 어휘를 사용하여 다음 문장을 만들어야 합니다. 그 다음에 대명사를 사용하여 문장을 새롭게 만들 수 있습니다. 미라클 스위치로 주어를 바꾸거나, 동사를 바꿔서 더 많은 문장으로 채울 수 있습니다.

셋째, 통합 후 확장해서 글쓰기입니다.

다음의 예시를 보고, 글쓰기에 적용해 보세요. 예를 들어 "나는 아이스크림을 좋아합니다"라는 말을 제대로 전하고 싶으면 이렇게 쓰면 됩니다.

1. 아이스크림을 좋아합니다.

2. 좋아하는 이유

3. 예시

4. 명료화

I like ice cream.

Because ice cream makes me happy

For example, I was very sad yesterday.

I felt happy after I ate ice cream.

That's why I like ice cream.

위 글을 확장해서 아래와 같이 쓸 수 있습니다. 예를 들어 아이가 12살이라면, 나이만큼 쓰기를 목표로 다음과 같이 길게 쓸 수도 있습니다.

Let me tell you my favorite dessert. I like ice cream the most. MangoBonBon is one of my favorite.

Because eating ice cream makes me happy. I think it relieves my stress.

For example, I was very sad because I failed my exam yesterday. It was literally awful.

I just grabbed an ice cream cone. I started to eat a whole cone in few minutes. Soon, my sadness melted away.

Above all the reasons, I can say that I like ice cream. If you like ice cream like me, can you tell me what your favorite flavor is?

'생각과 실행 사이에는 대서양만큼 큰 바다가 있다'라는 이탈리아 속담이 있다고 합니다. 실천과 실행이 가장 어렵기 때문입니다. 글쓰기를 통한 자기주도 학습은 아는 것과 행하는 것의 간극을 메우는 과정입니다. 매일이 쌓여 우리 아이의 인생이 됩니다.

마법을 부리는 만능 접속사

영어 1줄 글쓰기를 더 풍부하게 하는 만능 접속사 10개를 알려 드립니다. 가장 많이 쓰이는 대표적인 10개의 접속사 and / but / or / so / although / if / that / when / both입니다. 이 만능접속사가 마법을 부려 1줄을 5줄로 만들 수 있게 합니다.

AND

And는 '그리고'란 뜻을 갖고 있습니다. 단어와 단어, 구와 구, 문장과 문장을 연결 할 수 있습니다. 예를 들어 2개의 단어나 구, 문장을 연결합니다.

I like apples and bananas. 단어 + 단어

I like eating apples and eating bananas. 구 + 구

I like eating apples and I like eating bananas. 문장 + 문장

BUT

But은 '그러나'란 뜻을 갖고 있습니다. 역시, 단어와 단어, 구와 구, 문장과 문장을 연결할 수 있습니다. 다만 앞 문장과 뒷 문장은 반대의 내용을 씁니다.

I like apples, but not bananas. 단어 + 단어

I like eating apples, but not eating bananas. 구 + 구

I like apples but I don't like bananas. 문장 + 문장

OR

Or은 '또는'이라는 뜻을 갖고 있습니다. 역시, 단어와 단어, 구와 구, 문장과 문장을 연결할 수 있습니다. 선택을 하거나 고를 때 사용합니다.

I like apples or bananas. 단어 + 단어

I like eating apples or eating bananas. 구 + 구

I like eating apples or I like eating bananas. 문장 + 문장

SO

So는 '그래서'라는 뜻을 갖고 있습니다. 앞 문장이 원인이 되고, 뒷 문장이 결과가 됩니다.

I like apples so I buy apples.

I like bananas so I buy bananas.

I like eating apples so I buy them.

I like eating bananas so I buy them.

ALTHOUGH

Although (=though, even though)은 '비록 ～할지라도'의 뜻입
니다. 앞. 뒤의 내용에 반전이 있습니다.

Although I like apples, I buy bananas.

Although I like bananas, I buy apples.

IF

If는 '만약 ～라면'입니다. 조건을 나타냅니다.

If I like eating apples, I eat apples.

If I like eating bananas, I eat bananas.

If I like apples, I buy apples.

If I like bananas, I buy bananas.

4장 더 잘 쓰기 위한 글쓰기 시크릿

THAT

That은 명사처럼 쓰이는 명사절 접속사입니다. 주로 동사의 목적어로 사용합니다.

I think that apples are yummy.

 as, since

because는 '〜때문에'란 뜻을 갖고 있습니다. 이유나 원인을 나타냅니다.

I like apples because apples are yummy.

I like bananas because bananas are yummy.

I like eating apples because apples are yummy.

I like eating bananas because bananas are yummy.

When은 '~할 때'라는 뜻을 갖고 있습니다.

I like apples when apples are red.

I like bananas when bananas are yellow.

Both A and B 는 'A와 B 둘 다'라는 뜻을 갖고 있습니다.

I like both apples and bananas.

나는 사과와 바나나 둘 다 좋아합니다.

다양하게 쓰면 좋겠지만, 아이가 바로 기억하면서 잘 쓰는 접속사만 반복해서 사용하도록 지도해 주세요. 그러다가 다른 의미를 주고 싶어 하면 그 때 새로운 접속사를 사용해서 쓰면 됩니다.

베껴 쓰고, 훔쳐 쓰는 필사

코로나로 인해 홈콕시대가 열렸습니다. 비대면으로 집에서 할 수 있는 다양한 활동이 인기입니다. 필사도 그 중 하나입니다. 필사는 특별한 교육이나 기술이 없어도 가능해서 정말 인기입니다. 필사는 따라 쓰고, 베껴 쓰는 것입니다. 그래서 독서는 즐기지 않더라도 필사는 대부분의 사람들이 쉽게 시작합니다. 하루 1줄 영어 글쓰기를 효과적으로 하기 위해 필사, 즉 따라 쓰기를 시작하면 정말 좋습니다.

그렇다면 무엇을 따라 써야 할까요? 바로 3장에서 말한 '집에 굴러다니는 리더스북'입니다. 리더스북은 다른 말로 CourseBook(코스북, 단계별 읽기책)이라고 할 수 있습니다. 전체 단계가 정해져 있기 때문입니다. 아이의 AR지수로 단계에 맞는 책을 고를 수 있습니다. 리더스북을 읽는 이유는 아이가 스스로 읽게 하기 위해서입니다. 그래서 이것을 잘 활용하면 아이의 자기주도학습 능력이 함께 향상됩니다. 리더스북은 가장 정확한 영어를 접할 수 있는 '안전한 교재'입니다. 이에 리더스북을 필사하며 영어 글쓰기의 기반을 마련하고자 합니다. 새로운 책을 살 필요는 없습니다. 지금 아이가 즐겁게 읽고 있는 챕터북, 리더스북, 코스북, 단편동화 뭐든지 다 괜찮습니다. 여기에서 5가지 활용법을 알려 드리니 따라하시면 됩니다.

첫째, 그대로 베껴 쓰기입니다. 이것은 원서를 읽고, 그 책을 그대로 베껴 쓰는 것입니다. 대부분의 리더스북은 반복되는 패턴 문장과 문법을 활용하여 문장을 구성합니다. 같은 단어나 구, 또는 문장이 반복되는 것을 볼 수 있습니다. 그 부분이 중요하기 때문에 반복하는 것입니다. 반복되는 문장을 자기 나이만큼 베껴 쓰면 됩니다. 방법은 2가지입니다. 하나의 패턴 문장을 자신의 나이만큼 필사 합니다. 다른 하나는 자기 나이만큼의 다양한 문장을 한 번만 필사를 하는 것입니다. 혼용해서 사용해도 좋습니다. 어떤 방법이든지 아이가 질려하지 않고 흥미를 갖도록 지도해 주세요.

둘째, 그림에 맞는 문장을 따라 쓰기입니다. 책에 나온 그림이 들어가 있고 문장을 쓸 수 있는 빈칸이 있어야 합니다. 리더스북의 글밥을 가리고 그림만 복사해서 사용할 수 있습니다. 영어 일기 양식과 비슷하지만 아이가 그림을 보고 내용을 기입해야 합니다. 그대로 베껴 쓰기를 미리 했다면,(하지 않아도 상관은 없습니다. 여러 번 읽으면서 아이가 리더스북의 내용을 기억하고 있습니다.) 스스로 그 내용을 기억해서 그림에 맞는 문장을 리더스북을 보고 따라 쓰면 됩니다.(조금 더 난이도를 높이려면, 리더스북을 보지 않고, 문장을 기억해서 쓴 다음에 리더스 북을 보고 스스로 채점을 하는 방법도 있습니다.) 이 활동이 자연스럽게 영어 일기쓰기로 이어지도록 지도해 주세요. 영어 일기는 단순하고, 반복적인 문장을 써야 해서 아이들이 쉽게 질려버립니다. 그러므로 리더스북을 활용하여 매일 쓸 거리를 제공해야 합니다. 저학년은 패턴이 반복되는 템플릿을 주고, 변형해서 쓰는 연습을 통해 더 유창해집니다. 고학년은 리더스북에서 다양한 글감과 문장을 수집하면서 영어 글쓰기의 범주를 더 확장할 수 있습니다.

셋째, unscramble(언스크램블, 배열 맞추기)문장 배열하기입니다. 문장 하나를 덩어리(청킹)로 막 잘라서 섞어 놓고, 순서대로 맞추는 것입니다. 엄마와 아빠가 미리 준비를 해야 합니다. 제일 먼저 리더스북에서 반복되는 짧은 문장 위주로 타이핑을 합니다. 프린트를 해서 문장을 청킹합니다. 그 후에 순서를 뒤섞어 놓습니다. 아이와 게임을 하듯이 시간을 재면서 제대로 된 문장을 배열하도록 지도합니다. 다 맞춘 후에는 큰 소리로 문장을 소리치면 영어 말하기 연습도 한 번에 할 수 있습니다. 두 번째는 조금 길다 싶은 문장을 골라서 섞어 놓습니다. 마지막으로 문장 2개를 섞을 수도 있습니다. 이렇게 난이도는 조금씩 높이면 됩니다. 아이도 게임을 하는 것처럼 즐겁게 느끼고, 자연스레 리더스북 한권을 통째로 외우게 됩니다. 부모님과 지도 선생님의 수고가 필요하지만, 아이가 즐겁게 영어를 익힐 수 있다면 이 정도의 수고로움은 충분히 감내할 수 있다고 생각합니다.

넷째, 한글로 글을 먼저 쓰고, 영어로 바꾸기입니다. 한글로 자신이 읽은 리더스북의 내용을 기억이 나는 대로 써내려갑니다. 책 만들기를 영어 글쓰기에 적용하는 것입니다. 쓸 수 있는 페이지만큼만 책을 만듭니다. 스스로 내용을 재편집하거나 각색해도 좋습니다. 읽은 리더스 북을 활용해서 영어 문장을 더 만들어도 좋습니다. 앞의 3가지 방법이 조금 지루하다고 느낄 때 새롭게 시도해 볼 수 있습니다. 또는 앞의 방법 사이사이에 "깜짝 이벤트"처럼 넣어도 좋습니다.

다섯째, 영어 뉴스나 기사를 보고서 인용해서 글쓰기입니다. 리더스북에서 사회 · 과학 등 Non-fiction(논픽션, 실화)에 관한 글이 나올 때 관련 주제를 찾아서 활용하면 좋습니다. 또는 독립적인 주제로 아이가 흥미 있는 기사를 선택해서 진행해도 좋습니다. 어렵지 않습니다. 누구나 쓸 수 있습니다. 다만, 영어를 막 시작한 학생보다는 영어학습기간이 최소 3년 이상 된 초등 4학년부터 권하는 활동입니다. 구글에 Breaking News(브레이킹 뉴스, 긴급속보)를 치면 흥미로운 뉴스 기사를 A4한 장에 정리한 것을 볼 수 있습니다. 뉴스 기사 중에 아이의 눈에 띄는 표현이나 익히고 싶은 새로운 표현을 위주로 필사를 하면 됩니다. 영어뉴스 기사 필사는 다양한 리더스북과

챕터 북 등을 많이 읽은 친구들이 더 고난이도의 확장된 논리적인 글쓰기를 연습하고 싶을 때 할 수 있는 필사 방법입니다.

규칙적으로 쓰고, 자주 쓰다 보면 자연스레 유창성까지 향상됩니다. 이것은 많은 연구를 통해 이미 증명이 되었습니다. 모든 영어 글쓰기에는 공통적인 규칙이 하나 있습니다. 바로 틀린 것을 교정해주어야 한다는 것입니다. 한국인에게 영어는 외국어이기 때문에 틀린 문법이나 내용은 전체의 의미를 손상하지 않는 범위 내에서 교정을 받아야 합니다. 부모님이나 지도 교사로부터 직접적으로 오류를 교정 받거나 피드백을 꾸준히 제공받아야 합니다. 직접적으로 내용 교정과 피드백을 받은 경우, 쓰기를 하는데 있어 자신감이 상승하여 의사소통능력이 더 나아졌습니다. 틀린 것을 고쳐 주고, 바로잡아줄 때 영어 실력이 점프를 합니다. 줄리아 코치의 교정과 첨삭을 원하는 분은 줄리아 코치 네이버 블로그나 유튜브를 방문해주세요.

영어 독서노트

영어 독서노트를 만들어 보세요. 아이가 읽은 책에 대한 정보를 적는 노트입니다. 이를 통해 더 빠르게 유창한 영어를 갖게 됩니다. 앞에서 말한 리더스북도 이 독서노트에 기입할 수 있습니다. 독서노트 양식을 살펴보면 제목과 함께 지은이와 키워드를 넣을 수 있습니다. 감상평과 자신의 의견을 적어 넣을 수 있습니다. 초서 칸에는 내가 원하는 문장을 베껴 적으면 됩니다. 초서는 나에게 필요한 1줄의 문장, 내 마음에 드는 문장을 베껴 적는 필사와 같은 개념입니다. 리더스북 필사과정 중에서 첫 번째 방식인 그대로 베껴 쓰기가 있습니다. 이 필사하기의 미니 버전이라고 생각하면 쉽습니다.

읽은 책을 카테고리별로 분류해서 기입해 주세요. 예를 들어, 책을 한 권 고르면 앞 표지에 지은이와 일러스트레이터가 나옵니다. 장르는 리더스북 앞이나 뒤에서 찾을 수 있습니다. 장르를 꼭 쓰도록 하는 것은 책의 편식을 막기 위해서입니다. 아이가 너무 좋아한다고 같은 장르의 책만 계속 읽는 것은 위험합니다. 다양한 글쓰기를 목표로 하기 때문에 우리는 다양한 장르의 글을 읽어야 합니다. 독서노트를 통해 얼마나 다양한 장르의 책을 읽었는지를 주기적으로 확인할 수 있습니다.

전체의 줄거리는 한글로 정리합니다. 감상평과 책에 대한 아이의 의견도 한글로 적습니다. 책에서 가장 많이 반복된 단어가 키워드가 됩니다. 가장 많이 반복된 문장이나 아이가 좋아하는 문장을 초서 칸에 정리하면 됩니다. 초서 문장은 얼마나 써야 할까요? 처음에는 한 문장만 쓰세요. 최종 목표는 역시나 아이의 나이만큼 쓰는 것입니다.

이 독서노트를 쓰는 또 다른 이유는 아이만의 Glossary(글로서리, 문장 사전)를 만들기 위해서입니다. 바로 언제든지 찾아서 볼 수 있는 아이만의 정확하고, 유창하고, 완벽한 문장으로 차 있는 문장 사전입니다. 영어책이나 리더스북을 읽으면서 마음에 드는 문장과 단어를 초서해 놓으면 글을 쓰다 막힐 때 활용할 수 있습니다. 이 독서노트는 아이에게 가장 든든한 지원군이 될 것입니다. 처음에는 따라 쓰기만 하다가 어느 순간에 자유자재로 활용할 수 있는 때가 옵니다. 그때 바로 아이는 창의적인 아이디어로 새로운 문장을 끝없이 쏟아낼 것입니다.

표_독서노트

제목 (부제)			
저자 역자 그림		장르	
줄거리		키워드	
		감상평 및 의견	
초서			

영어는 많은 어휘와 표현을 저장해 놓고, 필요한 순간에 꺼내서 활용할 수 있어야 합니다. 초서가 어느 정도 익숙해지면 초서 한 줄 아래에 자신의 감정이나 느낌을 추가로 적어도 좋고, 그 문장의 명사나 형용사, 부사 등을 바꾸어 새로운 문장으로 확장해도 좋습니다. 초서하기 또는 필사하기 자체가 책을 읽는 것과 마찬가지로 생각의 저장소가 되어 줄 것입니다. 이것이 Think Tank(씽크탱크, 생각

주머니)가 되어서 다양한 종류의 글을 쉽게 쓰도록 도움을 줍니다.

TV에서 아흔을 넘긴 지 오래 된 할머니께서 밭일을 하고 계셨습니다. 푸릇푸릇한 부추를 바라보면서, "너는 매년 잘라도 새로 나고 또 크는구나. 나는 이렇게 늙었는데, 너는 늘 자라고 있구나" 하면서 자신의 삶을 관조적으로 바라보시더군요. 아무럼 사람이 부추보다 못할까요? 부추와 사람은 둘 다 생명력을 갖고 있습니다. 부추가 빛나는 것은 자신의 목표와 목적에 충실하게 살고 있기 때문입니다. 흔히 인간과 동물을 구분 지을 때 우리는 '말'을 비교합니다. 인간과 DNA가 99% 일치하는 침팬지. 수치상 단지 1%가 부족하다지만, 실제로 그 차이는 어마 합니다.

인간이 더 우월함을 말하려는 것이 아닙니다. 인간이 갖고 있는 목표와 목적에 맞게 우리는 말과 글을 잘 써야 합니다. 우리에게는 동물과 식물에게는 없는 능력이 있지 않습니까? 그렇다면 더 잘 해내는 게 자연의 이치가 아닐까요? 아이들이 독서 노트를 6개월 이상 쓰다 보면, 독서에 대한 이해력과 사고력이 성장하는 것을 눈으로 확인할 수 있습니다. 이 때 아이가 읽은 책의 제목을 바꿔보도록 지도해 주세요. 위 독서노트 템플릿을 보시면, 제목 옆에 부제라고 쓰여 있습니다.

전체 내용을 이해했고, 작가의 의도대로 책을 소화시켰다면, 책의 부제도 그 방향에 맞게 변경할 수 있습니다. 제목을 새로 만든다는 것은 책의 내용을 요약하는 수준을 넘어서 작가의 관점과 책의 전반적인 부분을 관통하는 상태일겁니다. 초반에는 이걸 해야 하나하는 마음이 들 수도 있습니다. 또 가시적인 성과가 미미할 수도 있습니다. 하지만 독서노트를 쓰고 6개월도 채 되지 않아 눈으로 변화를 확인할 수 있습니다. 아이가 다양한 장르의 책을 편하게 읽는 것을 보면서 부제달기를 잘했다고 생각하게 됩니다.

독서노트 작성이 꼭 필요한가요? 답은 '네'입니다. 꼭 필요한 활동이고, 우리 아이의 영어 글쓰기에 정말 유익합니다. 예를 들어 보겠습니다. 리더스북이나 원서 한 권당 1 페이지를 독서 노트에 기록했다고 가정해 보겠습니다. 요약노트 10장을 읽으면 짧은 시간에 책 몇백 페이지를 읽은 효과를 얻을 수 있습니다. 다만, 아이가 부담을 느낀다면 읽은 것을 다 쓰지 말고, 일주일에 1권 정도만 쓰게 해 주세요.

마지막으로 부모님들이 가장 궁금해하는 질문, 줄리아 코치가 가장 많이 받은 질문에 대한 답을 알려 드립니다. 리더스북을 졸업한 후에는 어떤 책을 읽어야 할까요? 저는 Classic Tales(클래식 테일즈, 고전)를 추천합니다. 고전은 오랜 시간이 지나도 의미가 훼손되는 경우가 희박합니다. 세기를 넘나들면서도 반드시 지켜야할 원칙과 규칙을 가르쳐 주는 양서입니다. 그러니 더 깊이 읽어야 한다면 고전을 읽도록 지도해 주세요.

비대면 프레젠테이션으로 영어 자신감 올리기

줄리아 코치가 영어 글쓰기에 관한 쉽고 다양한 방법을 알려 드리고 있습니다. 한 번 더 간단히 정리를 하면 영어 글쓰기를 쉽게 시작하는 쉬운 방법은 7가지입니다.

1. 단어수집 **단어 브레인스토밍**

2. 문장기차 만들기 **정확성**

3. 만능 접속사 활용

4. 리더스북 필사 5가지

5. 독서노트 적기 **유창성**

6. 미니 프레젠테이션 **자존감+자신감**

7. 하루 1줄 쓰기 **글쓰기 습관형성**

위 7가지 방법은 순서대로 적용하기를 권합니다. 다만, 아이의 영어 수준이나 연령에 따라 단계를 줄이거나 순서를 바꾸는 것도 괜찮습니다. 하지만, 6번째 단계로 제시하는 미니 프레젠테이션은 반드시 실행해 주세요. 이 과정은 아이의 자존감과 자신감을 길러줍니다. 우리 아이들은 중학교에만 가도 프레젠테이션을 늘 해야 합니다. 그래서 저는 프레젠테이션 능력을 한 번 배우면 늘 쓰게 되는 유용한 스킬이라고 생각합니다. 아이들이 프레젠테이션을 할 때 아주 잘하고 있다며 항상 더 강도 높은 칭찬을 선사했습니다. 그간 시험이나 발표에 두려움이 있는 친구들이 제 칭찬을 들으며 편안해하는 것을 많이 보았습니다.

스티븐 기즈(Stephen Guise)의 『습관의 재발견』을 보면 그는 '작은 습관'을 반복하면서 성공경험을 쌓도록 격려했습니다. 거창한 것이 아니라 너무 쉬운 것이지만 지속적으로 반복하면서 성취를 이루게 하고 있습니다. 이렇듯 작은 성공 경험이 모여 큰 성공을 이끌어 냅니다. 성공경험이 아이의 자존감을 높여줍니다. 자존감이 높아지면 어떤 실패도 두려워하지 않습니다. 혹여 실패를 맛보더라도 좌절하지 않습니다. 프레젠테이션을 하면서 발표와 공유를 통해 아이는 작은 성공경험을 많이 쌓게 됩니다. 누구도 빼앗을 수 없는 단단함이 아이 안에 자리를 잡습니다.

앞에서 영어 말하기와 영어 글쓰기는 한 뿌리에서 나온다고 강조했습니다. 글쓰기로 영어 말하기를 유창하게 이끌 수 있는 방법이 바로 프레젠테이션으로 마무리하는 것입니다. 내가 쓴 글을 발표하고 공유하면서 하나의 작품으로 완성시킬 수 있습니다. 글을 쓰고서 혼자만 보게 되면 일기에 머무를 수 있습니다. 널리 읽히고, 많은 사람이 공감을 하게 되면 책으로도 나올 수 있습니다.

우리 아이들이 쓰는 소소하고 작은 글이 아이의 인생에 있어서는 여러 편의 단편소설이라고 생각합니다. 아이에게 가장 관심이 있는 분께 아이가 쓴 글을 보여 드리세요. 냉철한 비평과 평가를 원하지 않습니다. "잘했구나!", "기특하구나!"만 듣도록 해주세요. 그래서 제가 추천하는 대상은 할머니, 할아버지입니다. 영상을 찍어서 전송해도 좋고, 직접 영상통화나 대면을 통해서 발표시간을 가져도 좋습니다. 이것은 아이가 직접 한 글쓰기를 프레젠테이션이나 공식적으로 발표할 기회를 얻게 합니다.

아울러 부모님이나 조부모님에게 효도할 기회가 생기니 모두에게 유익합니다. 혹 지도 교사에게 피드백을 받을 기회가 있다면, 건설적이고 긍정적인 피드백이 필요합니다. 아이들의 노력을 칭찬하고, 쓴 글에 감탄하며, 더 많이 쓰도록 격려를 해줘야 합니다. 문법과 구조에 있어서 에러가 있기 때문에 반드시 고쳐 주고, 비격식 표현과 구어체 표현도 바로잡아 주어야 합니다.

위처럼 쓴 글을 소리 내어 읽으면 아이의 뇌에 깊이 각인이 됩니다. 이 과정이 쌓이면 영어 말하기도 덩달아 단단해집니다. 꾸준히 말로 연습하며, 발표할 기회를 갖는 것은 정말 중요합니다. 청중 앞에서 발표를 하면 자신감과 말하기 수준이 향상되는 것을 우리는 잘 알고 있습니다. 영어는 자신의 음성으로 직접 들어야 더 정확한 발음을 가질 수 있고, 오래 기억할 수 있습니다. 처음에는 떨리고, 쑥스럽고, 실수도 하겠지요. 하지만 횟수가 거듭될수록 발표력이 있는 아이로 성장하게 됩니다.

습관처럼 매일 쓰기

우리가 빠뜨리지 않고 매일 하는 것들을 떠올려 보세요. 어떤 것들이 있을까요? 직장에서 일을 하는 엄마와 아빠의 경우에는 매일 출근을 하겠지요? 집에서 집안일을 하면서 가족을 돌보는 엄마와 아빠는 청소와 빨래 등 가족을 위해 다양한 일을 하고 있습니다. 초등학교에 다니는 우리 친구들은 매일 결석하지 않고, 학교에 등교를 합니다.

학교 선생님은 어떤가요? 매일 아침 아이들보다 더 일찍 나와서 수업 준비를 하십니다. 일상은 반복적으로 되풀이됩니다. 어딘가 우리의 습관과 비슷하게 닮아 있습니다. 엄마나 아빠가 오늘은 귀찮아서 직장에 출근을 하지 않겠다면 어떻게 될까요? 엄마와 아빠가 밥

하기가 지겨워 더 이상 안 하겠다고 하면 우리 친구들은 어떤 마음이 들까요? 담임선생님이 아이들이 말을 잘 듣지 않아서 더 이상 담임을 안 하겠다고 하시면요? 아이쿠, 정말 아찔해집니다.

이 세상이 잘 돌아가는 것도 모두가 각자의 자리에서 자신의 역할을 제대로 하고 있어서입니다. 좋아서 스스로 하는 것이 가장 좋겠지만, 때로는 귀찮거나 하기 싫은 마음이 들 수도 있습니다. 그럼에도 영어를 잘하겠다는 목표를 가진 우리 아이들은 매일 영어와 만나야 합니다. 각자 자신만의 편한 시간에 스스로에게 적정한 양만큼을 익히며, 반드시 내 것으로 만들어야 합니다.

영어의 기본 기능이자 가장 주요한 기능은 의사소통을 하는 것입니다. 의사소통을 위해 정확성은 필수로 갖춰야 합니다. 주절주절 길게는 말을 하지만, 아무도 알아듣지 못한다면 말짱 꽝입니다. 생각해 보세요. 대화는 상대방을 위한 것입니다. 내가 전하고 싶은 것을 상대에게 말로 하는 과정입니다. 간결하고 깔끔하게 전해야 합니다. 이때 가장 필요한 것이 정확성입니다. 유창성 전에 정확성을 먼저 길러야 하는 것도 이러한 이유 때문입니다.

정확성을 잘 길렀다면 그 다음은 무엇일까요? 바로 유창성입니다. 어디에서 본 것 같은 틀에 박힌 표현을 탈피하고 싶다면 유창성을 길러야 합니다. 유창성은 창의력과 밀접한 관련이 있습니다. 창의력을 증진시키는 방법은 간단합니다. 글쓰기를 많이 해보는 것입니다. 지금 당장 많은 양을 쓰라는 것이 아닙니다. 하루 1줄을 꾸준히 써야 합니다. 어떤 것이 습관으로 자리를 잡으려면 21일이 필요합니다. 매일 새벽 5시에 일어나고 싶다면 늘 알람을 5시에 맞춥니다. 억지로 눈을 뜨면서 참 괴롭겠지만, 22일이 되는 날에는 알람이 울리기 전에 벌떡 일어나게 됩니다.

할아버지 세대가, 아버지 세대가, 저희 세대가 이어서 읽는, 오랜 시간이 지나도 반짝반짝 빛나는 명작이 있습니다. 바로 『노인과 바다』입니다. 이 작품의 작가인 어니스트 헤밍웨이(Ernest Hemingway)는 400번 이상의 탈고 과정을 거쳤다고 합니다. 본인이 만족할 때까지 고치는 것을 멈추지 않았습니다. 글쓰기의 최대 장점은 '언제든 고칠 수 있다'입니다.

자신이 쓴 글을 스스로 고치는 "탈고"의 단계를 통해 창의력이 증진됩니다. 꼭 경험해 보세요. 어린 아이가 고쳐봐야 뭐가 나아지겠냐는 것은 어른들의 착각입니다. 아이도 아이만의 고유한 생각으로 가득 차 있습니다. 가끔은 어른들을 놀래 키는 기발한 생각을 보여주기도 합니다. 그래서 매일 쓰고, 더 많이 고쳐야 합니다. 다만, 이 부분은 다른 파트보다 더 여유를 갖고 접근해 주세요.

하루 1줄 영어 글쓰기를 3년 이상 하면서 부모님이나 지도 교사에게 첨삭을 많이 받아 본 아이들에게 먼저 권합니다. 우선 첨삭과 지도를 받아보며, 오류를 고쳐본 경험이 있어야 탈고를 시작하기도 쉽습니다. 그 후에 자신이 쓴 글을 편집하고, 재창조해서 새로운 단락도 만들 수 있습니다. 아이가 스스로 고치면서 더 매끄럽게 자신의

밤9시 엄마와 영어 글쓰기

스토리를 적어 나갈 수 있습니다. 그 소소한 스토리가 모여서 더 큰 생각과 하나의 의견을 표현합니다.

5장

미라클 스위치로
문장력 확장하기

주어를 바꿔 5줄로 확장하기

〜〜〜

    미라클 스위치는 하루 1줄을 마법처럼 여러 문장으로 늘려줍니다. 미라클 스위치를 사용하면 영어 1줄 쓰기가 5줄로 늘어날 수 있습니다. 문장력이 다섯 배로 늘어난다고 해도 과언은 아닐 것입니다. 4장에서 설명한 리더스북 필사를 할 때 바로 적용할 수 있습니다. 리더스북에서 정확한 1문장을 얻었다면, 이제는 그 문장을 5문장, 50문장으로 변형해서 늘릴 수 있습니다.

    리더스북 문장에서 주어만 바꾸는 겁니다. 시작에 앞서, 가장 먼저 아이들이 주어의 개념을 이해하도록 쉬운 말로 설명해 주세요. 영어 문법의 대부분이 어려운 한자어로 되어 있습니다. 각 용어에 대한 사전 설명이 없으면 전체 내용을 이해하는 데 많은 어려움을 겪게 됩니다. 그래서 첫 시작을 잘못하면 영문법은 평생 어려운 것으로 인식하게 됩니다. 영문법 설명은 국어수업과 유사합니다. 어려운 용어를 쉬운 설명으로 풀어서 설명을 해야 합니다.

주어는 문자 그대로 주인이 되는 말이라고 할 수 있습니다. 문장의 주인으로서 문장의 맨 앞에 위치합니다. 또, 동사 앞까지를 주어로 봅니다. 주어가 1개의 단어일 수도 있고, 여러 개의 단어로 묶여 있을 수도 있습니다. 아이가 이 2가지 개념을 가장 먼저 인지하게 지도해 주세요. 이 2가지 개념만 잘 세워져 있다면, 어떤 긴 문장이나 호흡이 긴 글도 척척 읽어 냅니다. 읽기만 하는 것이 아니라 무슨 뜻인지도 쉽게 이해할 수 있습니다. 우리가 가장 많이 쓰는 9가지 주어를 정리했습니다.

1. 사람 이름 · 지명 (고유명사)

Julia is a coach. 줄리아는 코치이다.

Julia lives in Korea. 줄리아는 한국에 살고 있어요.

아이의 이름, 엄마와 아빠의 이름. 언니, 오빠, 동생의 이름이 모두 고유명사입니다. 우리가 사는 지역과 나라, 한국은 바로 이 세상에 하나밖에 없는 곳입니다. 유일하게 존재하는 것이 바로 고유명사입니다.

2. I   나는 / 저는

3. You   너는 / 당신은

4. We   우리는 _ '나'를 포함함

5. They   그들은 _ '나'를 포함하지 않음

6. He   그는 / 그 남자는

7. She   그녀는 / 그 여자는

8. It   그것은 / 그 개는 / 그 강아지는

         _사물, 동물을 가리킴

9. That (단수) / Those (복수) 저것 (단수) / 저것들 (복수)

         _앞 문장에 나온 명사를 받는 대명사

고유명사가 목적어나 보어 자리에 올 경우에, 주어만 다르게 쓰면 여러 개의 새로운 문장을 만들 수 있습니다. 리더스북에서 "I am Minsoo"라는 문장을 보았다고 생각해 보세요. 그대로 베껴 쓰는 필사를 할 때 먼저 "I am Minsoo"를 따라 씁니다. 그리고 아래와 같이 미라클 스위치로 늘릴 수 있습니다.

You are Minsoo.

He is Minsoo.

She is Minsoo.

It is Minsoo. (I see a dog. That is Minsoo.)

5장 미라클 스위치로 문장력 확장하기

위와 같이 고유명사는 어느 주어를 만나도 같은 형태로 사용할 수 있습니다. 9가지 주어를 바꾸어 쓰면서 자연스레 문법사항을 익힐 수 있습니다. 왜냐하면 주어를 바꾸면 동사의 수도 바뀌야 하기 때문입니다. 이 과정에서 단·복수의 일치도 배우게 됩니다. "I usually go to school by bus."란 문장을 예로 들어 보겠습니다.

You usually go to school by bus.

We usually go to school by bus.

(= My sister and I usually go to school by bus.)

They usually go to school by bus.

(= Minsoo and Minju go to school by bus.)

He usually goes to school by bus.

She usually goes to school by bus.

밤9시 엄마와 영어 글쓰기

명사를 바꿔 5줄로 확장하기

바로 앞에서 살펴본 주어자리에 명사가 옵니다. 명사는 이 세상에 존재하는 모든 이름입니다. 명사는 주로 주어, 목적어, 보어 자리에 위치합니다. 주어는 주인이 되는 말이고, 위치는 동사 앞에 옵니다. 그리고 동사 앞까지를 주어로 봅니다. 목적어는 동사 뒤에 옵니다. 보어는 목적어와 비슷하게 동사 뒤에 오지만, 2형식 동사가 올 때만 해당합니다. be동사 뒤에 오는 것이라고 이해하면 쉽습니다.

명사는 크게 셀 수 있는 명사 '가산명사'와 셀 수 없는 명사 '불가산명사'로 나눕니다. 영어에서 명사의 수가 중요한 이유는 명확하게 말하는 것을 좋아하기 때문입니다. 우리는 한국어로 말할 때 굳이 '사과 한 개 먹을래?'라고는 하지 않습니다. 한국어 '사과 먹고 싶어'

라고 하면 한 개인지 여러 개인지 알 수가 없습니다. 반대로 영어에서는 'I want to have an apple' 하거나 'I want to have apples' 라고 말합니다. 숫자를 사용하여 더 정확하게 어떤 상태인지를 함께 설명하려고 합니다.

셀 수 있는 명사에는 a / an을 붙이거나 단어 끝에 s / es를 붙여 복수형도 만들 수 있습니다. 셀 수 없는 명사에는 the를 쓰거나 쓰지 않습니다. 셀 수 없는 명사에는 무관사를 쓰는 명사들도 있습니다. 관사를 쓰지 않는 경우를 무관사라고 합니다. 예를 들어 나라 이름, 개인의 이름, 과목 등에는 관사를 사용하지 않습니다.

셀 수 있냐와 없냐로 구분을 했다면 이제 사람 / 물건 / 장소에 따라 세분화를 할 수 있습니다. 바로 사람을 나타내는 사람명사, 물건을 나타내는 사물명사, 장소를 나타내는 장소명사입니다.

셀 수 있는 명사 (가산 명사)

1. 가산명사 단수   **I have an** apple.
2. 가산명사 복수   **I have** apples.

셀 수 없는 명사 (불가산 명사)

1. 사람명사   **I like** Minsoo.
2. 물건명사   **I have** brown hair.

너무 많아 다 셀 수 없는 hair 같은 경우, 너무 작아 셀 수 없는

sand 같은 경우, 담는 용기에 따라 모양이 달라지는 water 같은 경우, 눈에 보이지 않는 love 같은 경우, 나라에 따라 가치기준이 다른 money 같은 경우 등

3. 장소 명사　**I am in** Korea**.**

또 아이들이 알면 유용한 복합명사가 있습니다. 복합명사는 명사+명사입니다. 기차는 train입니다. 역은 station입니다. 기차역은 train station입니다. 이렇게 명사 2개가 만나서 새로운 명사 단어를 만들 때 복합명사라고 합니다. 역시 구글에 compound nouns examples라고 치면 많은 단어를 찾을 수 있습니다.

뜻은 모르더라도 새로운 단어를 봤을 때 어미를 보고 구분할 수 있습니다. 명사는 주로 -tion, -sion, -ment, -ance로 끝납니다. 동사 / 형용사에 명사형 어미를 붙여서 만듭니다.

1. -tion / -sion / -ship　상태, 행위, 결과
2. -ness / -ment / -ity　~하는 상태
3. -ance /-ence / -ency　상태, 행위, 과정

동명사를 명사처럼 사용하거나 부정사를 명사처럼 사용하는 방법도 있습니다. 부정사와 동명사를 주어로 사용할 수도 있습니다.

부정사 : To have an apple **is good.**

동명사 : Having an apple **is good.**

To는 동사의 성질이 더 강합니다. 동작을 하는 것에 초점을 맞춥니다. 사과를 먹는 동작을 강조합니다. 동명사는 명사의 성질이 더 강합니다. 그래서 '사과 먹기'라는 의미가 됩니다. 동작이나 행위를 강조하고 싶을 때는 To부정사를 명사의 의미를 강조하고 싶을 때는 동명사를 사용하는 것이 좋습니다.

하루 1줄 영어 글쓰기에서 바로 활용이 가능한 주어, 목적어, 보어 자리의 명사를 바꾸기입니다.

1. 주어 자리의 명사를 바꿔주기

The apple is on the table.

The banana is on the table.

The carrot is on the table.

The lemon is on the table.

The orange is on the table.

2. 목적어 자리의 명사를 바꿔주기

I like an apple.

I like a banana.

I like a carrot.

I like a lemon.

I like an orange.

3. 보어 자리의 명사를 바꿔주기

It is an apple.

It is a banana.

It is a carrot.

It is a lemon.

It is an orange.

5장 미라클 스위치로 문장력 확장하기

동사를 바꿔 5줄로 확장하기

동사는 동작을 나타내는 말입니다. 주어 뒤에 위치합니다. 동사는 크게 3가지로 구분합니다.

1. be동사 (am / are / is) : am, are, is의 원형이 be이기 때문에 be동사라고 부릅니다.

2. 조동사 : 혼자서는 단독으로 쓸 수 없습니다. 본동사를 필요로 하는 조수입니다. must(~해야 한다) / can(~할 수 있다) / may(~일지도 모른다, ~ 해도 좋다) / will(~일 것이다, ~할 것이다)

3. 일반 동사 : 1번, 2번을 뺀 대부분의 동사가 일반 동사입니다. 입고, 쓰고, 먹고, 자는 등 동작을 나타냅니다. 또, 의문문이나 부정문을 만들 때 do / does / did를 사용해서 만들 수 있다면 일반 동사라고 생각하면 됩니다. 일반 동사를 많이 알고 있으면 특히 영어 말하기를 할 때 본인이 필요한 말을 더 쉽고 빠르게 전할 수 있습니다.

초등 영어 글쓰기에서 쓸 수 있는 필수 동사를 구글에서 검색해서 사용할 수 있습니다. 이 때 regular verb forms list라고 치면 됩니다. 미라클 스위치로 동사를 바꿔 문장을 더 많이 늘릴 수 있습니다. 이 장에서는 일반 동사와 조동사를 활용해 보겠습니다.

1. 일반 동사 활용

I see some apples.

I smell the apples.

I buy some apples.

I cut an apple.

I slice an apple.

I eat an apple.

I walk to school.

I run to school.

I hike to school.

I jump to school.

I jog to school.

2. 조동사 + 일반 동사 활용

I can see some apples.

I can smell the apples.

I can buy some apples.

I can cut an apple.

I can slice an apple.

I must eat an apple.

I must walk to school.

I must run to school.

I must hike to school.

I must jump to school.

I must jog to school.

시제를 바꿔 5줄로 확장하기

주어를 바꿔서 쓸 때는 주어에 따라 '동사의 수'만을 바꿨습니다. 이번에는 시제를 바꿔봅니다. 시제는 시간을 구분하는 개념이라고 생각하면 됩니다. 영어에서 시제는 총 12가지입니다. 단순시제는 현재-과거-미래입니다. 진행형은 동작을 직접 행하는 능동형입니다. -ing를 사용합니다. 완료형은 동작을 당한다고 해서 수동형이라고 합니다. pp(과거분사)형태를 씁니다. 그래서 동사의 시제를 바꾸면 능동형과 수동형도 함께 배울 수 있습니다. 아이에게 처음 설명을 할 때는 현재-과거-미래의 의미를 가장 먼저 알려 줍니다.

1. 현재 : I usually go to school by bus.

2. 과거 : I went to school by bus.

3. 미래 : I will go to school by bus.

현재는 반복된 습관이나 불변의 진리를 나타낼 때 사용합니다. 과거는 한 번만 일어난 일을 말할 때 사용합니다. 미래는 불확실하고 다가오지 않은 시간을 표현합니다. 단순 시제로 3개만 바꿔도 주어를 바꾼 문장과 함께 여러 문장을 동시에 쓸 수 있습니다.

영어에서 문법적으로는 동사는 1개만 존재해야 합니다. 주어 뒤에 위치해서 시제와 동작을 나타냅니다. 하지만 영어는 여러 동사를 섞어서 쓰는 것을 좋아합니다. 예를 들어 I am going to school by bus to study English.라는 문장에서 동사는 am going입니다. 가고 있는 것을 강조하기 위해 진행형으로 be동사와 동작을 나타내는 동사를 함께 썼습니다. 문장에서 가장 중요한 기본적인 동사는 이것입니다. 하지만, to study도 동작을 묘사합니다. 즉, 동작의 의미를 여러 개로 나타내고 싶으면 -ing를 붙이거나 to를 붙여서 모양을 바꿔 주면 됩니다. 그러면 동사의 의미를 여러 개로 표현할 수 있습니다.

(현재 진행형은 be동사에 ~ing를 붙입니다. 수동태는 be동사에 pp형태를 붙입니다.)

밤9시 엄마와 영어 글쓰기

go는 현재형

went는 과거형

gone은 과거분사

과거분사는 과거보다 더 오래된 과거입니다. 쉽게 말해 과거가 어제라면 과거분사는 엊그제라고 생각하면 됩니다. 주로 수동태나 현재완료에서 함께 사용합니다.

I am going to school by bus.

현재진행 : 지금 버스 타고 있는 중

I went to school by bus.   과거 : 버스 타고 갔음

I have gone to school by bus.

현재완료 : 과거부터 현재까지 버스를 타고 등교하고 있음

아이들이 문장을 쓸 때 가장 많이 사용하는 필수동사 23개의 불규칙 과거형을 알려 드립니다. (불규칙 과거형을 외울 때 패턴을 적용하세요. A-B-C/A-B-B-/A-B-A)

A-B-C

하다   do – did - done

먹다   eat - ate - eaten

쓰다	write - wrote - written
가다	go - went - gone
그리다	draw - drew - drawn
알다	know - knew - known
던지다	throw - threw - thrown
마시다	drink - drank - drunk
수영하다	swim - swam - swum
노래하다	sing - sang - sung
입다	wear - wore - worn
보다	see - saw - seen
시작하다	begin - began - begun
입다. 먹다. 취하다	take - took - taken

A-B-B

말하다	say - said - said
사다	buy - bought - bought
찾다	find - found - found
자다	sleep - slept - slept
서다	stand - stood - stood
이해하다	understand - understood - understood

A-B-A

달리다	run - ran - run
가다	come - came - come
되다	become - became - become

각기 다른 시제를 사용할 때 함께 사용하는 부사도 알려 드립니다.

과거형과 함께 사용

yesterday 어제 / last 지난 / ago ～전에

현재형과 함께 사용

always 항상 / often 종종

usually 보통 / sometimes 때때로

미래형과 함께 사용

tomorrow 내일 / in the future 미래에 / next 다음번

조금 더 확장된 개념으로 글을 쓸 때 활용이 가능한 시제도 알려 드립니다. 바로 현재완료의 개념입니다. 현재완료는 한국어에는 없는 개념입니다. 하지만 영어를 사용하는 원어민들은 정말 좋아하고 빈번하게 사용하는 표현입니다. 영어를 할 줄 안다면 현재완료를 자유자재로 사용해야 합니다. 현재완료는 과거와 현재를 한 문장에 담

아서 말하는 방식입니다. 경험, 완료, 결과, 계속 등 4가지 용법이 있습니다. 과거에 일어난 일이 현재까지 영향을 미칩니다. 현재완료의 형태는 have+pp형입니다. have는 주어에 따라 달라집니다. 동사는 go의 과거완료형을 사용하여 만듭니다.

1. I / You / We / They have

2. He / She / It has

예를 들어 I have gone to school by bus. (과거부터 현재까지 버스를 타고 등교하고 있다.)가 기본 문장입니다.

1. You have gone to school by bus.

2. He has gone to school by bus.

기본형을 사용했다면 4가지 용법을 구분해서 더 많은 문장을 만들 수 있습니다.

1. 계속 용법: '~동안'을 설명합니다.

I have gone to school by bus for 3 years.

3년 동안 버스로 통학했다

2. 완료 용법 : '막 끝냄'을 설명합니다.

I have just gone to school by bus.

막 버스타고 학교에 왔다

3. 경험 용법 : '해 본적이 있음'을 설명합니다.

I have ever gone to school by bus.

버스타고 학교에 간적이 있다

4. 결과 용법 : '결과'가 어떤지를 설명합니다.

I have gone to school by bus. So I wasn't late.

버스타서 늦지 않았다

5장 미라클 스위치로 문장력 확장하기

형용사를 바꿔 5줄로 확장하기

형용사는 상태나 모양을 설명합니다. 형용사만 바꿔도 문장의 분위기가 달라집니다. 형용사의 역할은 크게 2가지로 나눕니다.

첫째, 주어의 상태를 설명합니다.

I am tall. 나는 키가 큽니다

둘째, 명사를 꾸며 주는 수식어입니다.

I am a tall boy. 나는 키가 큰 소년입니다

밤9시 엄마와 영어 글쓰기

tall이 명사인 boy를 수식합니다. 대부분, 명사의 앞에서 꾸며줍니다. 이 때 형용사를 바꾸는 것이 미라클 스위치가 됩니다. 크게 두 가지 방법을 적용할 수 있습니다.

1. 원래 문장의 형용사를 다른 것으로 바꾸는 것입니다.

I see a red apple.

I see a green apple.

I see a yellow apple.

I see a big apple.

I see a small apple.

I see a new apple.

I see an old apple.

I see a cute apple.

I see an ugly apple.

2. 형용사를 여러 개 이어 봅니다.

형용사는 몇 개고 이어서 쓸 수 있습니다. 쉬운 법칙을 알려 드립니다. 바로 사코법칙입니다. SACO는 Size(사이즈, 크기) – Age(에이지, 나이) – Color(컬러, 색상) – Origin(오리진, 기원) 순서대로 사용하는 것을 말합니다.

I see an apple. 나는 사과를 본다

I see a red apple. 나는 빨간 사과를 본다

I see a big red apple. 나는 큰 빨간 사과를 본다

I see a big new red apple.

나는 크고 신선한 빨간 사과를 본다

I see a big new red Daegu apple.

나는 크고 신선한 빨간 대구 사과를 본다

명사와 마찬가지로 형용사도 어미를 통해 구분할 수 있습니다. 그래서 뜻은 잘 모르더라도 새로운 단어를 봤을 때 어미를 보고 형용사인 것을 알 수 있습니다. 형용사는 주로 -ful, -ous, -ty로 끝납니다. 즉, 동사/명사에 형용사형 어미를 붙여 만듭니다.

1. -ful 가득한 상태

beauty - beautiful   미인 - 아름다운

2. -able/-ible   ～할 수 있는

enjoy - enjoyable   즐기다 - 유쾌한

3. -ive/ -ish ～같은 성격, 상태

sense - sensitive   감각 - 예민한

4. -ous (가진) 상태

danger - dangerous   위험 - 위험한

가끔 규칙과는 다르게 ly가 붙은 형용사도 볼 수 있습니다.

1. friend - friendly   친구 - 친근한

2. love - lovely   사랑 - 사랑스러운

또, 아이들이 글을 쓸 때 많이 활용할 수 있는 '판단'의 의미를 갖고 있는 형용사도 알려 드립니다.

1. difficult   어려운

2. hard   힘든

3. easy   쉬운

4. possible   가능한

5. impossible   불가능한

6. dangerous   위험한

7. safe   안전한

8. convenient   편리한

9. inconvenient   불편한

10. important   중요한

11. necessary   필요한

12. essential   필수적인

13. right   옳은

조금 더 확장해서 쓰고 싶다면 분사를 활용하기를 권합니다. 분사를 형용사처럼 사용할 수 있습니다. 분사에는 현재분사와 과거분사가 있습니다. 바로 동사에 현재분사 -ing나 과거분사 pp를 붙여서 만듭니다. 이것은 명사를 보충하거나 부연 설명하는 데 사용하는 것입니다. 형용사의 활용을 권하는 이유는 더 섬세하게 글을 쓰기 위해서입니다. 묘사를 잘하는 것이 설명을 잘 하는 유일한 방법이기 때문입니다. 다양한 분사가 있지만, 가장 많이 사용할 수 있는 2가지를 정리해서 알려 드립니다.

감정을 나타내는 현재분사-과거분사입니다.

1. interesting - interested 흥미로운
2. exciting - excited 신나는
3. annoying - annoyed 귀찮은
4. boring - bored 지루한
5. pleasing - pleased 기쁜
6. surprising - surprised 놀란
7. tiring - tired 피곤한

It으로 시작하는 문장에는 -ing(현재분사)를 사용합니다. 사람이 주어로 올 때는 -ed(과거분사)를 사용합니다.

It is exciting. (그것이) 흥미롭다 사물 주어

I am excited. (내가) 흥미롭게 느낀다 사람 주어

5장 미라클 스위치로 문장력 확장하기

부사를 바꿔 5줄로 확장하기

부사는 문장을 더 풍부하고 정확하게 합니다. 부사는 주로 동사 / 형용사 / 다른 부사를 꾸며 줍니다.

동사 수식 : I walk slowly. 나는 천천히 걷는다

slowly는 walk를 꾸며 줍니다.

형용사 수식 : I am very cute. 나는 매우 귀엽다

very는 cute라는 형용사를 꾸며 줍니다.

다른 부사 수식 : I walk very slowly. 나는 매우 천천히 걷는다

부사인 very가 다른 부사인 slowly를 꾸며 줍니다.

밤9시 엄마와 영어 글쓰기

어미가 –ly로 끝나는 단어는 대부분 부사라고 생각하면 됩니다. 바로 앞장에서 살펴본 형용사에 –ly를 붙이면 대부분은 부사가 됩니다.

1. slow 느린 - slowly 느리게

2. kind 친절한 - kindly 친절하게

3. quick 빠른 - quickly 빠르게

4. special 특별한 - specially 특별하게

5. safe 안전한 - safely 안전하게

6. bad 나쁜 - badly 나쁘게

7. real 사실의 - really 실제로

8. close 가까운 - closely 가깝게

9. sure 확신하는 - surely 확실히

10. serious 심각한 - seriously 심각하게

형용사와 부사는 한글 해석으로 구분하기가 어렵습니다. 그래서 문장 속에서 위치를 보고 품사를 구분해야 합니다.

형용사

I am slow. 나는 느려요 주어상태 설명

형용사

I am a *slow* **person.** 나는 느린 사람입니다   명사 꾸며줌

부사

I walk *slowly*. 나는 느리게 걸어요

형용사는 be동사의 상태를 설명합니다. 즉, 주어를 보충 설명합니다. 그래서 be동사 뒤에 위치합니다. 또는 명사 앞에서 꾸며 주는 역할을 합니다.

부사는 일반 동사를 수식합니다. 역시 동사 뒤에 위치합니다. 또, -ly가 붙은 것을 부사로 아는 것이 가장 간단하지만, 대부분 -ly가 붙지 않은 부사를 더 자주 사용합니다. 가장 핵심적으로 사용할 수 있는 부사를 정리해서 알려 드립니다. 하루 1줄 영어 글쓰기에서 활용하면 좋습니다.

1. very   매우
2. quite   꽤
3. well   잘
4. really   실제로
5. hard   열심히

6. much   많이

7. little   조금, 약간

8. early   일찍

9. late   늦게

10. carefully   조심스럽게

11. so   너무나

5장 미라클 스위치로 문장력 확장하기

질문으로 바꿔 5줄로 확장하기

항상 질문을 잘 활용해야 합니다. 생각의 힘을 키우는 질문하기를 영어 글쓰기에도 적용해 보면 영어 학습이 쉬워집니다.

언제 사용하면 좋을까요? 글을 쓰다가 보면 막히는 경우에 질문을 적고, 답을 써보면 됩니다. 이때는 정확한 답을 주려고 하지 말고, 의식의 흐름대로 질문을 이어가면 좋습니다. 특히 글이 풀리지 않을 때 질문을 던지세요. 하루 1줄 글쓰기 초기 단계에서 질문을 활용하는 방법을 알려 드립니다.

첫째, 단순질문으로 바꾸기입니다.

1. I see some apples.　　　　Do I / you see some apples?

2. I smell the apples.　　　　Do I / you smell the apples?

3. I buy some apples.　　　　Do I / you buy some apples?

4. I cut an apple.　　　　　　Do I / you cut an apple?

5. I slice an apple.　　　　　Do I / you slice an apple?

6. I eat an apple.　　　　　　Do I / you eat an apple?

7. I usually walk to school.　　Do I / you walk to school?

8. I usually run to school.　　Do I / you run to school?

9. I usually hike to school.

　　　　　　Do I / you usually hike to school?

10. I usually jump to school.

　　　　　　Do I / you usually jump to school?

11. I usually jog to school.

　　　　　　Do I / you usually jog to school?

5장 미라클 스위치로 문장력 확장하기

둘째, 과거형 질문으로 바꾸기입니다.

1. I see some apples. Did I / you see some apples?

2. I smell the apples. Did I / you smell the apples?

3. I buy some apples. Did I / you buy some apples?

4. I cut an apple. Did I / you cut an apple?

5. I slice an apple. Did I / you slice an apple?

6. I eat an apple. Did I / you eat an apple?

7. I usually walk to school. Did I / you walk to school?

8. I usually run to school. Did I / you run to school?

9. I usually hike to school. Did I / you hike to school?

10. I usually jump to school. Did I / you jump to school?

11. I usually jog to school. Did I / you jog to school?

밤9시 엄마와 영어 글쓰기

셋째, 조동사를 사용하여 질문하기입니다.

1. I see some apples.　　　Can I / you see some apples?

2. I smell the apples.　　　Can I / you smell the apples?

3. I buy some apples.　　　Can I / you buy some apples?

4. I cut an apple.　　　Can I / you cut an apple?

5. I slice an apple.　　　May I slice an apple?

6. I eat an apple.　　　May I eat an apple?

7. I usually walk to school.　　　Can I / you walk to school?

8. I usually run to school.　　　May I run to school?

9. I usually hike to school.　　　May I hike to school?

10. I usually jump to school.　　　Should I jump to school?

11. I usually jog to school.　　　Should I jog to school?

질문을 통해 아이의 사고력을 성장시키는 하브루타 학습법이 있습니다. 머리가 좋기로 유명한 유태인들이 자녀를 가르칠 때 사용하는 것으로도 유명합니다. 질문으로 영어 1줄을 5줄로 늘리다보면, 아이의 성격과 학습태도까지 눈에 띄게 성장하고 변화합니다.

5장 미라클 스위치로 문장력 확장하기

문장 순서를 바꿔 5줄로 확장하기

지금까지 6가지 미라클 스위치 사용법에 대해 살펴봤습니다. 마지막 미라클 스위치는 문장 순서를 바꾸는 것입니다. 접속사를 활용하여 2개의 문장을 이어서 쓸 때 활용할 수 있습니다. 문장의 앞 뒤 순서를 바꾸어 새로운 문장으로 만드는 것입니다. 순서만 바뀌도 의미가 새롭게 전환되는 것을 확인할 수 있습니다. 접속사를 활용해서 문장을 쓰다 보면, 원인과 결과가 달라지는 경우가 있습니다. 이는 의미 전달에도 영향을 미쳐서 글의 분위기를 확 바꿉니다. 아이가 스스로 그리고 자기주도적으로 다양한 글쓰기를 할 수 있음을 눈앞에서 확인할 수 있습니다.

문장 순서를 바꿔 5줄로 확장하기

I see a red apple and I eat it.

나는 빨간 사과를 본다, 그리고 먹는다

⇒ I eat a red apple and I see it.

나는 빨간 사과를 먹으면서 그것을 본다

I see a red apple and I eat a red apple.

나는 빨간 사과를 보고, 그 빨간 사과를 먹는다

⇒ I eat a red apple and I see a red apple.

나는 빨간 사과를 먹으며, 그 빨간 사과를 본다

I see a red apple but not a green apple.

나는 초록 사과가 아닌 빨간 사과를 본다

⇒ I see a green apple but not a red apple.

나는 빨간 사과가 아닌 초록 사과를 본다

I see a red apple but I don't eat it.

나는 빨간 사과를 보지만 그것을 먹지는 않는다

⇒ I don't eat a red apple but I see it.

나는 빨간 사과를 먹지는 않지만 그것을 본다

I see a red apple or I see a green apple.

나는 빨간 사과를 보거나 초록 사과를 본다

⇒ I see a green apple or I see a red apple.

나는 초록 사과를 보거나 빨간 사과를 본다

5장 미라클 스위치로 문장력 확장하기

위 문장에서 시제를 바꿔 5줄로 늘리거나, 형용사를 바꿔서 문장을 더 확장할 수도 있습니다. 또 접속사를 바꿔서 다른 의미로 전환할 수도 있습니다. 하루 1줄이 5줄, 그리고 25줄이 되는 것은 바로 미라클 스위치 덕분입니다.

write

여러 가지 영어 글쓰기 기초 템플릿

write

- 🌙 일기
- 🌙 자기소개서
- 🌙 북리포트
- 🌙 이메일
- 🌙 에세이 _ 주제 글쓰기 / 통합 글쓰기

일기 **Journal**

1. 시간 순서대로 쓰기

Date _____ Weather _____

It is 요일.

It was 날씨.

At 7:00 a.m, I woke up.

First of all, I had breakfast.

At 7:30 a.m. I brushed my teeth and washed my face.

After that, I went to school.

_____ .

_____ .

_____ .

2. 한 일 3가지 쓰기

Date _____   Weather _____

It is 요일.

It was 날씨.

I did 3 things today.

First, I _____.

It was 기분 / 의견. Because _____.

Second, I _____.

It was _____. Because _____.

Third, I _____.

It was _____. Because _____.

Today was _____.

3. 가장 기억에 남는 일 쓰기

Date _____ Weather _____

It is 요일.

It was 날씨.

I played soccer today.

I played it with my friends, ○○○,○○○,○○○ _____.

I played it at _____.

I played it for __hour.

I kicked a ball __times.

It was exciting.

부록 여러 가지 영어 글쓰기 기초 템플릿

자기소개서 Self-Introduction

Let me introduce myself.

First of all, my name is _____.

You can call me _____.

I am __years old.

I go to _____school. I am on the __th grade.

I am tall and slim.

My mother always tells me I am so cute.

My hobbies are _____ and _____.

I usually _____ on weekends.

It makes me happy.

About my family, I have 3 members.

There are father, mother and me.

I love them.

That's all about my self-introduction.

북리포트 Book Report

Title:

Author:

Type/Genre:

Summary:

I read "_____" book.

It was written by _____.

It was painted by _____.

The genre of the book is _____.

It was _____.

There are ____ characters in the story.

The main role was _____.

He/She was one of my favorite characters of all.

The story is about _____.

It was _____. Because _____.

부록 여러 가지 영어 글쓰기 기초 템플릿

이메일 Email

To whom it may concern,

This is ○○○.

I am writing to ask you about 문의사항.

I got a message regarding 내가 받은 메시지.

Here are few questions about it.

First, _____.

Second, _____.

Last, _____.

Your quick reply will be appreciated. 답변을 빨리 주세요

Best regards,

○○○

에세이 Essay

주제 글쓰기 / 통합 글쓰기

Introduction, Body, Conclusion 3단 구성

Introduction 서론

주제를 소개하며 찬성이나 반대 주장을 제시함

찬성

I agree that~ / I agree with the idea that~

I support the idea that~

반대

I disagree that~ / I don't think that~

I oppose the opinion that~

Body 본론

순차적으로 주장이나 주제에 대한 이유나 예시를 들어 설명함

이점이 있다

It has an advantage that

단점이 있다

It has a disadvantage that

의심스럽다

I question whether 주어 + 동사

이유는 이렇다

It is because~

예를 들어

For example / For instance

부연 설명

In other words / To explain further

Conclusion 결론

의견 표시

In my opinion / As for me~

마무리할 때

For these reasons, I think / That's why / Overall / Thus

write

끝없이 영어를 공부하고 가르치는 삶

저에게 무슨 일을 하냐고 물으신다면 이렇게 답하고 싶습니다.

"저 줄리아는 매일 영어를 공부하는 학습자이자, 유아부터 성인까지 지도하는 영어교육 전문가입니다"

토익, 토스, 오픽에서 고득점을 받은 것은 제게 자랑거리가 되지 않습니다. 영어는 제 인생의 일부이기 때문입니다. 이제는 한 부분을 넘어 다양한 영역에서 빛을 발하려 꿈틀대고 있습니다. 아직 다 펼쳐내지 않은 다양한 모습이 스스로도 기대되어 더 신이 납니다.

대학에서 영어영문학을 전공하고 TESOL을 거치면서 가르치는 일이 더 즐거워졌습니다. 잘 가르치기 위한 수업 준비의 과정들이 오롯이 저의 영어실력이 되었다고 자부합니다. 더 많은 강의를 하게 되면서 늘 고민했습니다. '어떻게 하면 영어를 더 쉽게 알려 줄 수 있을까?'

티칭을 넘어 코칭에서 답을 찾았습니다. 코칭학 석사를 마치며 영어학습코칭에 대한 명쾌한 틀을 마련하였습니다. 코칭은 학습자의 무한한 가능성을 지지합니다. 또 자기주도적으로 지속적인 학습을 이어가도록 학습습관을 바로 세워줍니다. 영어가 습관이 되면 누구나 영어를 잘 할 수 있습니다. 습관으로 자리잡도록 인내하며 시간을 투자하세요. 영어가 평생의 자산이자 재능이 될 것입니다.코로나로 인해 대학생 및 직장인 학습자들을 만나는 것이 어려워졌습니다. 저는 낙담하지 않고, 그 시간에 제가 할 수 있는 일을 찾았습니다. 바로 글쓰기와 책 쓰기입니다. 안구건조증과 복부통증을 남긴 6개월의 번역작업은『공감으로 완성하는 코칭』을 탄생시켰습니다. 쉼 없이 달려온 번역작업의 허탈함을 메우기 위해『오픽만능사전』과『밤9시 엄마와 영어 글쓰기』원고를 집필했습니다.『오픽만능사전』을 통해 오픽의 시작과 끝을 쉽게 완성할 수 있습니다. 대학교와 기업체에서 단기간에 고득점을 받았던 모든 비법이 들어 있습니다.

저는 거기서 멈추지 않았습니다. 연이어 그간의 현장 경험과 갖고 있는 지식을 바탕으로 영어 글쓰기 책을 써야겠다는 결심을 했습니다. 영어 향상에 있어 최적의 학습방법은 글쓰기이기 때문입니다. 가장 먼저 글쓰기와 학습코칭에 관련 된 다양한 논문과 자료를 수집했습니다. 열과 성을 다해 초고를 완성했습니다. 그리고 저만 알고 있는 지식의 저주가 되지 않도록 고치고 또 고쳤습니다.

『밤9시 엄마와 영어 글쓰기』는 시험에서 100점을 맞기 위한 책도, 1등이 되기 위한 교재도 아닙니다. 영어는 전 세계에서 사용하는 언어입니다. 어느 누구와도 자유롭게 소통하기 위해서는 잘해야 합니다. 더 넓은 세상에서 엄마아빠보다 더 멋진 모습으로 삶을 빛낼 우리 아이들을 응원하는 마음으로 집필했습니다. 저는 혼자서 힘들게 공부했지만, 우리 아이들은 이 책을 통해 쉽게 시작하기를 바랍니다.

제가 지금까지 들었던 최고의 찬사는 "줄리아 선생님 덕분에 영어가 재밌고 쉽다는 것을 알았어요"입니다. 이 책을 읽는 분들께도 그와 같은 귀한 말을 듣기를 원합니다. 힘들고 괴로웠지만, 가슴 벅차고 보람찬 작업이었던 『밤9시 엄마와 영어 글쓰기』를 이제 여러분께 보냅니다.

유튜브에도 네이버에도 줄리아코치가 있습니다. 소통하기를 원하는 모든 분들을 환영합니다. 책에 대한 궁금증과 나누고 싶은 의견이 있다면 네이버카페 〈줄리아코치〉를 방문해 주세요. 새해에는 다시 강의현장에서 아이들과 함께 영어의 세계에서 뛰어 놀 것입니다. 취업과 승진을 위해 어학성적이 필요한 성인 학습자들과도 함께 전진할 계획입니다.

이 책이 나오기까지 수고하신 브레인스토어 관계자 여러분들께

감사의 인사를 전합니다. 사랑하고 존경하는 나의 남편, 이제 열다섯이 되었음에도 갓 태어난 아기처럼 사랑스러운 허니와 함께 탈고, 출간의 기쁨을 나누고 싶습니다. 끝으로 제가 더 성장하기를 기대하며 지극정성으로 길러 주신 부모님께 무한한 감사와 사랑을 전합니다.

밤9시 엄마와 영어 글쓰기

엄마와 아이가 서로 즐거운
영작문 습관 코칭

초판 1쇄 펴낸 날 | 2021년 12월 31일

지은이 | 김소영
펴낸이 | 홍정우
펴낸곳 | 브레인스토어

책임편집 | 김다니엘
편집진행 | 차종문, 박혜림
디자인 | 이예슬
마케팅 | 장민영

주소 | (04035) 서울특별시 마포구 양화로7안길 31(서교동, 1층)
전화 | (02)3275-2915~7
팩스 | (02)3275-2918
이메일 | brainstore@chol.com
블로그 | https://blog.naver.com/brain_store
페이스북 | http://www.facebook.com/brainstorebooks

등록 | 2007년 11월 30일(제313-2007-000238호)